聖なる旅

Sacred Journey

目的をもって生き 恩寵を受けて逝く

Living Purposefully and Dying Gracefully

Swami Rama スワミ・ラーマ［著］

羽沼 真理世［訳］

池田 直美［監修］

Parade Books

謝辞

この本の出版に貢献してくださった次の方々、数多くの資料から本文を編纂《へんさん》してくれたリチャード・ケニョン氏、編集してくれたバーバラ・ボバ博士、校正してくれたスワミ・ジナーネシュヴェラ、そして印刷してくれたデバイン印刷のD・K・グラティ氏に、感謝したいと思います。

目次

まえがき

現代文明は、科学技術が到達した驚異であり、物質的な富であり、世界を縮めた情報伝達システムです。すべての富と現代生活の快適さにもかかわらず、人々は満足していません。この世の物に対する彼らの態度や他者との人間関係ゆえに、彼らは幸せではないのです。人生を通して彼らはもっともっと所有しなくてはならないという観念を維持します。彼らは人間関係についても同様の観念を持ち、与えられるよりも人間関係から受け取るものがあると主張します。人生で物と人々をただ単に楽しむ代わりに、彼らはそれらに執着し、それらを所有し、それらを失うことを恐れます。

必要とし、所持し、執着する一生を通して、更なる必要、更なる恐れ、避けがたい苦しみの悪循環を造り出しながら、死の恐れが育ち彷徨《さまよ》います。このようにして人生は効果的に生きられずに、ただ単に浪費されるのです。死は人間の経験における自然で避け難い部分として受け入れられる代わりに、恐れられ、否定され、できる限り意識から遠ざけられます。ですから誰も死への準備ができないのです。

この死の恐れが、もっと多くの物を貪欲に必要とし、常に新しい人間関係や物質的な快適さ、終わりのない娯楽、アルコールやドラッグを過度に使用する理由です。これらのすべては死の現実から距離を置いてくれます。それらは否定の道具です。が、不幸にもそれらは有益な道具ではありません。

死を理解するために、人は人生の目的や生と死との関係を理解しようと努めなくてはなりません。生と死はパートナーであり、それぞれはもう一方の文脈を提供しています。死は終わりではなく、ただ単に長い旅における休止なのです。生と死が現実的な意味と目的を持っているものとして受け入れられ、そして死は人類の旅の一部として理解され受け入れられると、そのとき、死の恐れは消え、人は人生を十分に生きることができるようになります。

この本は、生と死の関係についてと、拡張と成長に導く方法で人生をどのように、またなぜ準備するのかという理由について書いており、そしてそれは私たちが死と呼ぶ変化に対して準備をするのに役立ちます。

この本で述べられている道は、大部分がウパニシャッド（註1）として知られているインドの古い聖典から引用されています。ウパニシャッドはヴェーダ（註2）の後半部分を構成している偉大なる聖典であり、人類の歴史における最も古い霊的な啓示です。

4つのヴェーダ――リグ・ヴェーダ、ヤジュル・ヴェーダ、サーマ・ヴェーダ、そしてアタルヴァ・ヴェーダがあり、それぞれのヴェーダは2つの大きな部分に分かれています。最初の部分は、聖歌、行動規範、祭式や秘儀の催行についての指示です。それぞれに属する形而《けいじ》上学的な部分は、絶対的な実在についての知識を取り扱っています。これらの後半部分がウパニシャッドです。

200に近いウパニシャッドが現存していますが、伝統的にウパニシャッドは108と数えられています。これらのうち、10がヴェーダンタ哲学に発展しています。それらは、サマディとして知られる最も純粋な超越状態の見識者にやって来た智慧であり、明らかにされた内容として認められています。見識者はそれらを世代から世代へと敬意をもって保存する弟子へと渡しました。

ウパニシャッドという単語は〝近くに座る〟という意味で、師の足元に座り、これらの深遠で時には秘儀的で象徴的な聖典の朗読を聞くことを意味します。

もうひとつの意味は、ウパニシャッドという単語はサンスクリット語(註3)の破壊する、緩和する、または導くという意味のsadという動詞から来ているということです。ウパニシャッドは人類を一時的なものに縛り付けている無知を破壊するものです。ウパニシャッドは物質的な世界や身体的な消滅する自我への執着心を緩め、最終的なゴールへの到達へと導きます。

これらの聖典は人間の生は目的と意味を持っていることを教えています。生は無意味であり、無限なる宇宙における単なる偶発的な出来事だと論争し主張する哲学を生み出すかもしれませんが、生来すべての人類はこれを知っています。すべての人は何とかして、幸福、静寂、心の平和を求めているのです。

ウパニシャッドは自由への道と、生と死の意味を示す地図です。その道はこれらの聖典に一貫する中心的なテーマによって明らかにされています。それは、すべては本質的にはひとつであるということです。

ウパニシャッドにおける傑出した優れた教えのひとつは、現象としての宇宙は創造というより顕れであるということです。ひとつの絶対的な実在が多くのものの中に顕れてきました。これは創造から分離している創造者という西洋的な考えとは違っています。

二元性はウパニシャッドの教えにおいては、完全に捨てられています。Eko'ham bahu syam。ここにもあそこにも、すべてのところに、ただ〝ひとつ〟が在るだけなのです。〝ひとつ〟とはブラフマン(註4)であり、実在、または純粋意識です。〝ブラフマンは実在であり〟〝世界のはかない物は非実在である〟とウパニシャッドは述べています。ブラフマン以外のすべては錯覚です。ブラフマンは生命の源であり、光であり、存在そのものなのです。人生の目的はこの真理を悟ることにあります。

ほとんどの人々は世界にある対象物の中に幸福を求める傾向があります。一方、ウパニシャッドでは、幸福は世界にある物の中に見つけられることはないと私たちに語っています。人間関係を含むこれらのことはあっという間に過ぎ去り、過ぎ去るものは永遠の平和や喜びをもたらすことができません。

ウパニシャッドは私たちに、永遠のものを見つけるために自分の内側を見るようにと言っています。〝人は外にあるものを見、内にあるものを見ない〟とウパニシャッドは言っています。〝不死なるものを求める人は稀である。自分の外にあるものに目を閉ざし、真の自己を見る。愚か者は肉の欲望に従い、死を取り囲むすべての誘惑に陥る。しかし、永遠なるものとしての自己を知る賢者は過ぎ去るものを求めない〟

これは、聖パウロ（註5）がコリント人に宛てた手紙に書いたこととよく似ています。彼は人生のすべては霊的な成長のためにあると彼らに思い起こさせました。〝すべてのことはあなた方のためなのです〟と彼は言いました。〝それらを賢く使いなさい。人生は短い〟〝たとい私たちの外なる人は衰えても、内なる人は日々新たにされています（註6）。見えるものは一時的であり、見えないものはいつまでも続くからです（註7）〟

イエスは、同じように山上の垂訓で彼の弟子たちを導きました。

〝自分の宝を地上にたくわえるのはやめなさい。そこでは虫とさびで、きず物になり、また盗人が穴をあけて盗みます。自分の宝は、天にたくわえなさい。そこでは、虫もさびもつかず、盗人が穴をあけて盗むこともありません（註8）〟

〝あなたの宝のあるところに、あなたの心もあるからです（註9）〟

人生の目的は、外側にあって過ぎ去るものと内側にあって永遠なるものとの違いを知り、実践と経験を通して他方に対する片方の無限の価値を発見することです。ひとたびこの違いが理解されると、人生は歓びに満ちた意味を持つようになり、死の恐れは消えます。

ウパニシャッドは、また、ヴェーダンタ、あるいは、ヴェーダの後半部分として知られており、それ自体、最も高い目的を表現しているものですが、それは個人の魂を束縛から自由にする究極の智慧《ちえ》に達するためのものです。
この本は、米国のシカゴ、ホネスデール、ペンシルバニアにおける会議で行われた一連の講義をまとめたものに、多少の加筆訂正を加えたものです。

スワミ・ラーマ
ジョリーグラント、デラドン
１９９５年11月

第1章　カタ・ウパニシャッド

ある古い物語は時間の始まりについて語っています。宇宙は創造の過程にあり、すべてはまだ秩序だっていないか、あるいは十分に機能していません。宇宙が完全にかみ合う前に、創造者には完成すべきひとつの最後の仕事があります。この仕事を完成するのを手伝ってもらうために、神は天使を召喚しました。

天使がやって来ました。創造者は天使に、神である彼には、宇宙の創造においてやるべきひとつの最後の仕事があると語りました。

「私は最後のために最良のものをとっておいた」創造者は天使に語りました。「私は人生の本当の意味をここに持っている。それは人生の宝であり、私が創造したこのすべての目的でありゴールである」

「なぜなら、この宝は言い表せないほど価値があるからである」と創造者は続けました。

「私はあなたにそれを隠してもらいたい。この宝を人類がその価値は計り知れないと知ることになるようにうまく隠しなさい」

「そういたします、神さま」と天使は言いました。「私は一番高い山の頂上に人生の宝を隠しましょう」

「そこでは、宝は簡単に見つかってしまうだろう」と創造者は言いました。

「それでは、大砂漠の大自然の中に宝を隠します。そこなら、必ずや、宝は簡単には見つからないでしょう」と天使は言いました。

「いや、簡単すぎる」

「宇宙の広大な広がりの中ではどうでしょう?」と天使が尋ねました。「そこなら、探すのは大変でしょう」

「いや」創造者は思案して言いました。そのとき、彼の顔は一瞬の閃《ひらめ》きを示しました。

「わかった。良い場所がある。人間の中に人生の宝を隠そう。彼はそこを最後に探し、この宝がいかに価値あるものかを知るだろう。そうだ、そこに宝を隠そう」

この宝そのものと、この宝を探すことがウパニシャッドの主題です。人間の性質を与えられたので、確かにその宝はうまく隠されました。神が上述の物語で言った通り、人類が究極の実在を探すだろう最後の場所は、彼ら自身の内側です。彼らは意味を求めて世界のすべての多様な物に注意することでしょう。そして毎回善意から出た努力をもってしても、持つ価値のあるものに出会うことなく、この世界から離れることになるでしょう。このようにして生と死の永遠の繰り返しが産み出されます。彼らはただ一時的な物を求めて走り続けて人生を浪費し、死がやって来たとき、彼らは手ぶらで再びやり直す招待状を手にするだけでしょう。

ウパニシャッドは、無知な人はその招待状を受け取り続けると言います。しかし賢い人は、死と生まれ変わりの永遠のパターンが無駄であることを知ります。そして永遠であるものを求めて内側を探すのです。

ウパニシャッドによれば、私たちが内側に探すものは、純粋な自己、アートマン(註10)と呼ばれている私たちの真の本性であり、それは聖書では、神に似ており、神のイメージであると言っています。真の自己は心や感覚では認識され得ません。それは魂の中に隠された宝であり、心の最奥の部屋に住んでいるのです。それは非常に精妙であり、深遠であり、不滅です。それは創造の初めに存在し、今も存在し、そして未来においても存在し続けます。

現象である宇宙は、ウパニシャッドが繰り返し説明しているように、一時的であり、常に変化し、展開し、成長し、壊れ、そして死んでいきます。それは来て、行って、死んでいく、というように終わりなく続きます。それはその性質なのです。このあらゆる変化の形をとる現象の世界に執着する人は誰でも、最後には必ず失敗します。それでもなお、現象の世界は人を不死の王国に連れて行く役割を果たしています。物質世界においては自然である死の苦しみと恐れですが、人を智慧《ちえ》へと導くようになっています。個人が存在に対してこれ以上のものがあるに違いないと悟るときがやって来ます。そのとき、彼か彼女は真剣に人生の究極の目的として別の選択肢を探し始めるのです。

この本で考察されるウパニシャッドは、人生の意味と死の神秘の覆いを取り除くカタ・ウパニシャッドという聖典です。すべてのウパニシャッドの中で、カタ・ウパニシャッドは、現世においても来世においても、アートマンの知識において最も明快で理解しやすいものです。それは人生の目的に関して人間性に立ちはだかる二者択一の選択や、なされるべき究極の選択を明確に定義しています[註11]。

このウパニシャッドは、生と死の神秘やカルマの法則、苦しみと哀しみから自由を得る方法について美しく詩的に説明しています。それは119のマントラ[註12]から成る、ナチケータという名の霊的な心をもった若者と、死の王であるヤマとの間で交わされる対話を中心に構成されています。ヤマはギリシャやローマ神話での死の王の描写とは違い、恐ろしいものではありません。彼は死ぬために地球に生まれた最初の人間であり、自ら悟った師でした。この聖典では、ヤマは人類の最も高い識別力のある知性に譬《たと》えられるかもしれません。一方、ナチケータは力と勇気にもかかわらず、より低い心を象徴しています。

二人の間の会話は、献身的ではあるけれどまだ悟っていない霊性の探求者の特質を明らかにしています。ナチケータは私たちが理解できるばかりでなく、称賛できる人物です。彼は多くの疑問を持っていますが、彼の信念は疑う余地がありません。とりわけ彼は、最も高い知識と最高の幸福への深い願望を抱いています。

ナチケータは、彼の真理に対する願望がどれほど強いものであるかを測定するために、ヤマによって試されます。それはこの世界において望む物へと引き寄せられる力より強いでしょうか？　その通り。ナチケータは自己実現のためのすべてを放棄します。何よりも彼は、真の自己であるアートマンを知りたいのです。

誠意をもってナチケータはすべての楽しみ、人生の最も高い歓びでさえ、永遠には続かないことを知っています。それらは過ぎ去り、その跡に苦痛を残します。どこに行こうと、何をしようと、世俗的な願望がある限り、真の平安はあり得ません。人が完全に世俗に生きて、世俗的な楽しみに囲まれそれを十分に享受するか、または、あらゆる誘惑から離れて荒れ地にいるかは関係ありません。世俗的なものへの願望がある限りは、満足することはないでしょう。

死は不毛な砂漠の荒れ地ではないと同様に、これらすべての願望からの逃避でもありません。人は死ぬまで自分の願望につながっており、この願望と共に再び彼らが満たされる世俗的な水準へと自分を引き戻します。

人々が願望に対処でき、願望を操縦する感覚や思考を自己コントロールできるのは、実践的な日常生活においてのみなのです。人々は願望を超越し、それらの限られた価値を理解するために学ばなくてはなりません。彼らが願望を超越し、彼らの感覚と思考を制御するときにのみ、彼らは真の喜びを理解し始めることでしょう。彼らは世俗的な物に対する執着を手放すにしたがって、それは彼ら自身の肉体をも含みますが、どんな富や物質的な存在が提供できる快適さよりも、計り知れないほど大きな価値のある平和な感覚を経験し始めることでしょう。

ナチケータは先天的にこれを理解していました。彼の意識が彼を導き、物質的な追求の道を選択する他の多くの人々の月並みな歩みを辿《たど》る代わりに、彼は彼の意識に従う勇気を持っていたという意見もあるかもしれません。

カタ・ウパニシャッドの中でヤマによって述べられた道は、ヨーガ（註13）の道です。その目的は個人の魂とすべてである至高の自己との間の霊的な結合なのです。

第2章　ナチケータの選択

カタ・ウパニシャッドにおけるナチケータの物語は、彼のヴァージャシュラバサという名の富豪の父が特別な供物を施そうとしたときに始まります。供物というのは、ヴァージャシュラバサが彼のすべての財産、すべての所有物をブラーフミン（註14）と偉大なる賢者に与え、それらを分配するというものです。それは最も高度に進歩した野心的志願者によってのみ執り行われる稀《まれ》なる供物でした。すべての一時的な物を諦めることができるならば、実在の智慧《ちえ》であるブラフマンの智慧を持つことができるでしょう。

物語は、新約聖書の中の永遠の命を持つためには何が必要かと尋ねる若い金持ちの統治者とイエスとの出会いの場面には似ていません。金持ちが、殺人や窃盗、姦通《かんつう》、全人生を欺くことに対する戒律に従い、両親を尊敬し隣人を愛したとイエスに請け負った後、イエスは彼にたったひとつの指示を与えます。イエスは金持ちに、彼が持っているすべてを貧乏人に与え、自分について来なくてはならないと言います。

金持ちはできません。あらゆる点で有徳ではあるけれども、彼はまた、彼の世俗的な財産と富に執着しているのです。聖書は私たちに、金持ちは悲しげに去っていったと語っています。

ナチケータの父も、供物を施した後にブラフマンの智慧が当然の結果として生じるという確信を持っていたにもかかわらず、彼の富を手放すことができませんでした。カタ・ウパニシャッドは、彼が供物の一部として引き渡すために牛を連れてきたと語っています。しかし、年老いて乳が出ない盲目で病気の、ほとんど、いえ、全く役に立たない牛だけでした。ヴァージャシュラヴァサは良い牛は自分のために取っておいたのでした。

ナチケータは父が供物のために連れてきた年老いて役に立たない牛を見て、このような価値のない贈り物は父に不幸をもたらすだろうということがわかりました。父を助けたいと熱望し、ナチケータは父に息子として彼もまた父の財産であり、分配のための供物に含めるべきだということを思い出させました。

「お父さん、あなたは私を誰に捧《ささ》げるのでしょうか?」ナチケータは尋ねました。

ヴァージャシュラヴァサは、これらの供物が心無いものだという考えに絶えず付きまとわれていたので、自分の否定的な感情を息子に向け、ナチケータの申し出を生意気な言葉として解釈することを選びました。

三度、ナチケータは父に自分は誰に捧《ささ》げられるのかを尋ねました。三度目の後、ヴァージャシュラヴァサは怒って言い返しました。「わしはおまえを死の支配者であるヤマにくれてやる」

ナチケータは純粋な心の持ち主で信仰心にも溢《あふ》れていたので、陽気に父の言葉をその通りに受け取りました。

「死には何もない」とナチケータは言いました。「すべての存在は穀物の種のように実り、そして再び死ぬ。今私は真理を発見し、そして死の神秘を覆うヴェールを取り除く最初の人間となろう」

ナチケータがヤマの住居に行くと、死の支配者は留守でした。ヤマが戻るまでに三晩が過ぎました。留守で客人を歓迎できなかったことを穴埋めするために、ヤマはナチケータに、適切なもてなしもせず独り待たせた一晩ごとに一つ、合計三つの願いをかなえることにしました。

最初の願いとして、ナチケータは彼が父に対して持っている敬意を再び証明するもので、ヤマに今自分は家から離れているので、ヴァージャシュラヴァサの心をなだめ怒りを鎮め、父が持っているかもしれない心配事を取り除くように頼みました。

ヤマは願いを聞き入れ言いました。「おお、ナチケータ、おまえの父は幸運にもおまえを認めるだろう、そしておまえを大いなる愛と優しさをもって扱ってくれるだろう」

二番目の願いとして、ナチケータはヤマに火の供物、それに伴うすべての儀式、祭典を見せて欲しいと頼みました。

「天国では」と二番目の願いの要求の中でナチケータは言いました。「恐れもなく、死もなく、年を取ることもなく、滅びることもなく、飢えもなく、渇きもなく、痛みもなく、苦しみもありません。永遠の至福があります。死の支配者であるあなただけが供物を催行することにより、死に至る者がどのようにこの至福の天国に至ることができるのかを知っています。これが私の二番目の願いです。私は死者を天国に導く供物の性質を知りたいのです」

ヤマはそれをかなえ、ナチケータに火の供物を教えました。ヤマはそのとき、ナチケータに三番目の願いを選ぶように言いました。自分の気持ちを検討し、心を静めた後、ナチケータはヤマに言いました。

「人は世界から離れた後、永遠に去ってしまうと信じられています。一方で、再び生まれるという別の視点もあります。死の後でさえ、人は真の意味で死ぬのではなく、精妙なる体を持った精妙なる段階にとどまっていて、外の物質的な外観だけが捨てられ、それを死と呼ぶというものです。死んだ人が生きるというさらに別の視点もあります。これらのうちどれが本当ですか？　死の後は何が存在するのですか？　私に説明してください。死の神秘に関する真理、これが私の三番目の要求です」

ヤマは彼の若い弟子の熱意と正直さを試すことなく、ナチケータに死の神秘について説明したくありませんでした。ヤマはナチケータに、神々でさえこの神秘について理解することは困難であると語りました。

「把握することは誰にとっても大変難しい」とヤマは言いました。「違う願いを言いなさい。そうすればわしは大いに喜んでそれをかなえよう」

ナチケータの気持ちは揺らぎませんでした。彼はヤマに、神々が死の神秘に一度は惑わされても、主題を理解するのが難しくても、それを説明するのにヤマよりも良い教師はいないと言いました。

「おお、死の王よ」とヤマは言いました。「わしは他のどんな要求もさせまい。これに匹敵する願いはないし、わしは秘密を知らなくてはならない」

ヤマは他の道を試し、神と富、過ぎ去っていく物質的な喜びと永遠の歓び、幻影と真実との間の選択というすべての人類が直面する誘惑でナチケータを試しました。

ヤマはナチケータに、天国にあるすべての喜びと共に彼が望むだけ何年も生きられることを申し出ました。ヤマはナチケータの子ども、ひ孫、そして玄孫《やしゃご》、立派な馬や象、金、宝飾品、珍しい宝石を保証しようと言いました。彼はナチケータに、地球の王国を与え支配させようと言いました。彼はナチケータの要求する三番目の願いをかなえたくなかったのです。

「求めた三番目の願いの代わりに、この富と力をすべて受け取りなさい」とヤマはナチケータに言いました。「これ以外のおまえのすべての願いをかなえてあげよう」とヤマは続けました。「なぜなら、それは生の最も偉大なる秘密だからである。普通の人間が持つことはないような天界のすべての乙女たちは、もしおまえが望むならば、おまえのものとなろう。再びあの問いをわしに尋ねるな。わしは生と死の秘密を漏らしたくないのだ」

そのときナチケータは、生と死の関係や人生の目的について知りたいという信念と決意の深さを見せました。彼はヤマが申し出た誘惑には興味がありませんでした。彼はヤマに躊躇《ためら》わずに答えました。彼は死の支配者に言いました。

「これらすべての一時的で消滅する事物をどうしろというのです？　感覚によって知覚されたすべては一時的なものです。そしてこの次元の生命は死によって変化し滅びます。天国における生でさえ、自由の知識を獲得しないでは生きる価値はありません。あなたのすべての踊り子たちや世俗的な誘惑はただ感覚的な喜びであるだけです。おお、死の王よ、それらはご自分で持っていってください。誰も世俗的な富によって幸福を得ることはできません。この世界の物質的な楽しみと天国での生は変化することになっています。この世界がすぐに過ぎ去るという性質を知った後で、誰が長寿だけを願うでしょうか？　私は千年も生きたいとは思いません。もし私が最高の智慧を得て、至高の智慧に達せないのなら、私はこんなに長い人生で何をすべきでしょうか？」

ヤマがナチケータの明晰《めいせき》さと決意を見た時、彼は喜んで三番目の願いかなえることを申し出ました。

今やカタ・ウパニシャッドは本気で、不死の秘密、生と死の意味を明らかにし始めます。

世俗的で一時的な人生は多くの魅力が伴いますが、人間という存在の目的ではありません。世界は物と誘惑に満ちています。生涯から生涯へと人々はそれらを欲し、それらを選択し、それらを得ようと人生を計画します。

今日、人は、世界や物、物を持つことに伴う感情やそれらを失う可能性に自己同化する行動様式を発展させています。彼は、喜びとは魅惑的な所有物、新しい車、新しいスーツや新しい伴侶を持つことと共にやって来ると考え始めています。それぞれ新しいものを獲得することで、不満足という長期の感覚に続いて起こる一時的な満足感があります。

人は物や人間関係に伴う感情と自己同化しています。人は誰かを愛し、相手に幸せにしてもらわなくてはならないと考えます。彼が彼女を手に入れると、非常に多くの場合、人間関係はそれほど愛のないものに落ち着きます。彼は必要だと言った人を傷つけるかもしれません。そのとき彼は謝ります。一か月も過ぎると、彼は再び同じように傷つけます。遂には彼らは別れます。それで、彼は自分の幸せのために必要だと思う別の人を見つけます。そしてプロセスは再びそのまま始まります。

このテーマの多くのバリエーションがあります。ポイントは、人間が物や人間関係、執着に伴う感情や考えに愛着を覚えるようになっていくということです。それらの物や人間関係は何も継続しないので苦しみを作り出します。それにもかかわらず、生涯から生涯へ、このやり方で平和を見出そうと努力し続けます。

「無知の闇に住まい、富と財産に惑わされる者は、おもちゃで遊んでいる子供に似ている」とヤマはナチケータに言います。「このような馬鹿な子供は死の罠《わな》に捉えられ、何度も何度もわしに支配されるのだ。彼らは死の罠にとどまる。彼らは闇の王国の限界を超えることができない。彼らはあちこちに旅をする」

幸運にもこの状態は永遠ではありません。19世紀のベンガルの聖者ラーマクリシュナ(註15)は繰り返し強い欲望と貪欲について言及していますが、やがてはこれらすべての物に対する願望は空虚で無意味なものに見え始めます。

成長と拡張は魂の性質です。それで必然的に何が起こるかというと、人は、あらゆる喜びの背後に苦痛があり、あらゆる期待の背後に失望があり、それぞれの満たされた願望を追うことは、さらにもうひとつ別の願望であるという行動様式に気付くようになります。

その計算は啓蒙《けいもう》的なものです。最終結果は人間の魂を目覚めさせます。苦しみは識別力という必要技術で人を教育し鍛えます。

カタ・ウパニシャッドは純粋で明白な選択の輪郭を描いています。ヤマはナチケータに、この世界には私たちの前に2つの選ぶべき道があると語ります。一方は良いもので、他方は楽しいものです。困難ではありますが、前者は至高の真理の智慧へと通じています。後者はとても楽しそうではありますが、はかないものであり、明らかに楽しい体験が過ぎ去ったときには必然的にそうなるように苦痛があります。賢者は良いことを選び、無知なる者は楽しいことに依存します。

それは生の性質です。人生の目的は成長、拡張、そして自分自身の真の本性を完全に悟ることです。もし人がゴールに向かう道を取らないと、そのとき、世界は人をそれに向かわせることでしょう。暴風の後に暴風、人が理解し始めるまで、ひとつの不幸が別の不幸に続き、ひとつの失望が別の失望に続きます。良いものと楽しいものとの間の選択は明らかになっていきます。

カタ・ウパニシャッドのテーマは人生の宝である真の自己は内側に見出されるということです。不死は内側にあります。内側にはアートマン、あるいは実在が住んでいます。真の自己を発見する旅は、人生のゴールまたは目的なのです。自分自身の真の自己を悟った人は、そのとき、全宇宙を包含する宇宙的自己を悟ることができます。

二元論者は、個人、宇宙、そして宇宙的自己は独立した存在として完全に分離した単位だと信じています。この信念に従うと、自分自身の自己を知ることにより、人は部分的な知識だけを得ます。ヴェーダンタとこの学派を分けている大きな隔たりがあります。ヴェーダンタ文学の最も価値があり気高い貢献は、真我、あるいは神は私たちから離れておらず、あるいは遠くにおらず、私たちの存在の内側に住んでいらっしゃるということなのです。これはヴェーダンタ哲学における中心的な教えです。

第3章　宝

ヴェーダンタによると、宝とは、すべての個人の内側に存在する〝真我〟あるいは〝絶対的な実在〟であるアートマンです。聖書の言葉では、アートマンは神のイメージであり、表現できないものを言葉で表現しようとするなら、それはブラフマンに一致し、純粋意識、究極の実在です。イエスが〝私と私の父はひとつである〟と言ったように、アートマンとブラフマンはひとつです。

〝天国のあなたの父が完全であるように完全でありなさい〟と、イエスは彼の弟子に語りました。あなたの本性が神であることを知りなさい。あなたは同じものだが、それを忘れてしまったというのがメッセージです。思い出しなさい。ですから思い出しなさい。あなたが思い出せるように混乱を取り除き、思い出すという肝心な仕事をやりなさい。

言葉には限界があるという理解をもって、ここでいくつかの単語を限定しましょう。(註16)とは言え、私たちが語っていることは言葉や知性を超えているのですが。タオの本が言っているように、語られているタオは本当のタオではありません。そしてまた仏陀は彼の弟子に、神について考えるな、論じるなと指示しました。この指示のせいで、仏陀と仏教徒は無神論者であると誤解されています。仏陀が意味したことは、神、あるいは純粋意識は有限な心を超えており、知性を超えているということです。神が有限な心により考えられ限定されるやいなや、神は有限となります。それで仏陀は彼の弟子に、本当の自己から彼らを隔てている障壁を取り除くことに集中するように言ったのです。それがなされたとき、そのときこそ、私たちが究極の真理と呼ぶものが本性を現すのです。

そう言いながらも、ヴェーダンタの人々はそれにもかかわらず、これらの考えに釣り合いのとれた見方を与えようと果敢なる努力をしました。ブラフマンは絶対的な存在であり、智慧《ちえ》であり、至福であり、すべての創造物の命の〝最高善〟です。ヴェーダンタの用語によると、ブラフマンとは実在であり、他のすべては非実在です。死んで滅びて分解されないものが実在であり、変化するものは一時的であり非実在です。宇宙は実在ではありません。もしそれがただの一時的なものであるなら、それは実在ではあり得ません。これを他の言い方で言うと、宇宙は存在しません。しかしそれはブラフマンと同じ意味で実在ではないのです。

あなたが夢を見るとき、夢の範囲では、夢の中で創り出される世界や人々や出来事は存在します。あなたが目覚めるとその現実は消滅します。宇宙の世俗的な次元は、ヴェーダンタの人々には夢と同じだと考えられています。それは自身の環境の中では現実であり、意味を持っています。ヴェーダンタの人々は、それをマーヤ、(註17) 幻と呼びます。それは絶対的な実在ではありませんし、絶対的な非実在でもありません。マーヤ、あるいは世俗的な人生のこの夢は啓蒙《けいもう》的なものなのです。時間と空間、原因に関わり、変化と関係、苦痛と歓び、哀しみと惨めさに関わるものは、マーヤなのです。それは価値を持っていますが、永遠ではありません。あなたが感情や願望を通して働くのを夢が助けるように、世俗的な夢、マーヤはあなたが習慣や願望を通して成長し働く機会を創り出しています。あなたがそれから目覚めると、それは消えます。あなたが目覚め、アートマンを悟ると、この存在の次元は霧のような記憶の中に消えてしまいます。

アートマンは真の自己ですが、人の真の自己の智慧は、異なった関係の単なる自己の面によって分け隔てられています。心のこれらに関係した面は、より高次な自己への障壁であり入り口でもあります。東洋の哲学では、心は4つの主な要素を持っています。1番目はアハンカーラ、(註18) あるいはエゴであり、あなた自身の中で、〝わたし〟〝わたしの〝わたしのもの〟としてあなたが規定している部分です。2番目はブッディ(註19)であり、より高次な心であり、知り決断し判断する識別の面です。ブッディはすべての感覚器官、知覚の反射やすべての思考、心の認識を受け止める鏡のようなものです。ブッディはあるものと別のものとを識別し比較します。3番目はマナス(註20)で、より低次な心であり、データを産み出し処理します。4番目の要素はチッタ(註21)という貯蔵庫であり、印象や記憶のデータバンクです。

私たちすべての内側には2つの面があります。真の自己と単なる自己です。後者は前者の鏡でしかありません。一方は不滅で変化を超えていますが、他方は楽しむ者であり苦しむ者です。

ヤマはナチケータに言いました。

「一方（絶対者）は自ら光り輝く太陽のようである。他方（エゴ、あるいは、限られた自己）はイメージ、あるいは、反射であり、光と闇の間にあるような関係を持っている。一方は目撃者のようであり、他方はそれ自身の考えや行いの果実を食べる」

目撃者はアートマンです。9世紀のインドの偉大な聖者であり哲学者であるシャンカラ(註22)は述べています。

〝アートマンの性質は純粋な意識である。アートマンは心と物質のこの全宇宙を明らかにしている。それは限定されない。目覚めている、夢見ている、寝ているという意識の様々な状態を通して、それは私たちの継続する自己認識の自覚を維持している。それは知性の目撃者として現れる〟

カタ・ウパニシャッドは、アートマンはけっして生まれず、けっして死なないと言っています。そしてそれは広大な空間よりもさらに広大で、最も小さな原子よりさらに小さなものだとも言っています。それはすべての生き物の心臓の中に隠れています。シャンカラは、ちょうど瓶が壊れても瓶の中の空気は存在しなくならないように、肉体が分解するときでもアートマンは分解しないと言いました。

不変であり、変化することなく、不生であり、不死であり、永遠であるアートマンは、私たち自身の最奥の部屋に座し、個人と心のすべての活動を知っています。〝それは体のすべての行動、感覚器官と生命力の目撃者である〟とシャンカラは言いました。〝ちょうど、火が鉄の玉と同じだとされるように、これらすべてと同じだと思われている。しかしそれは行動もせず、ほんの少しも変化することはない〟

バガヴァッド・ギーター(註23)は、大いなる自己であるアートマンについて述べています。

〝彼はけっして生まれず、けっして死なない。在ったことはなく、再び在らなくなることもない。不生であり、永遠であり、永久である、この太古のひとつなるものは、体が殺されても殺されない。これが、不滅であり、永遠であり、不生であり、代わりとなるものがないと知る者は……〟(註24)

〝使い古した衣類を脱いだ人が、その後、新しい服を着るように、肉体の所有者も同じように、使い古した肉体を脱ぎ捨て、新しい肉体を身に着ける……〟(註25)

〝武器は彼を裂かず、火は彼を燃やさず、水は彼を濡《ぬ》らさず、風は彼を乾かすこともない〟(註26)

〝彼は裂かれることなく、燃えることなく、濡らされることなく、乾かされることなく、永遠で、すべてに浸透し、絶対であり、不動である。彼は偏在し、全知である。彼は太古よりひとつである〟(註27)

第4章　宝を掘り下げる

人生の騒々しさから永続する平和と喜びを探し求める決意が生まれます。人はどこでこの宝を探し求めるべきでしょうか？　そして、どのようにしたら見つけられるでしょうか？　人生の意味を隠すという仕事を与えられた天使の物語に戻ると、この宝は内側に隠されています。また、宝はエゴ、願望、感情、習慣、その他の心に深く根付いた思考パターンの層の下に埋められていると言えるかもしれません。個人の真の本性であるアートマンはそこで待っています。それを真に知るためには、この事実を悟るだけです。——仏陀《ぶっだ》が教えたように、それに目覚めるだけです。それは電灯をパチッとつけるくらい簡単なことなのです。

エゴ、感情、心に深く根付いた思考パターンの層を剥いでいくことは、それほど簡単なことではありません。シャンカラは、宝はあなたがそれを呼んだからといって出てくるわけではないと言いました。それは見出そうとし、掘り下げられなくてはなりません。埋められた宝の上に積み重ねられたすべてのものは、取り除かれなければなりません。宝を探し求めようという決意はただの探求の始まりにしか過ぎません。それが内側で待って座しているという見込みは信用に値しますが、しかしまた感情があり、かつては非常に離れていたものと全く離れていないものからの呼ぶ声もあります。宝を覆っている堆積物はマーヤやマーヤの結果として同一視されます。マーヤのために人は真の自己に気付きません。探求者は熱意をもって探し始め、掘り始めなくてはなりません。

何が人間を彼あるいは彼女の真の本性から引き離しているのでしょうか？　その下に宝が埋められている岩や埃《ほこり》、瓦礫《がれき》とは何でしょうか？　そして、どのようにして人はそれらを取り除くことに取り組むのでしょうか？　同じことを成し遂げるのに必要な道具は何でしょうか？

この掘り下げることとは、世俗的な人間が存在するということに対する理由です。どういう道具を使うべきで、いつ使うべきかを知ることが、人生を生きる術なのです。この仕事が人生であり、それはゴールとしての宝であるアートマンを伴った素晴らしい冒険です。

徐々に掘り下げていくにつれ最終的に仕事がなされ、私たちが私たちの本当の自己とは誰なのかを知るまで、私たちの真の永遠なる本質ではないものの層について学び、それをこすり落とし剥いでいきます。これが、私たちがこの世界にやって来て世界を創造し、地球上の至る所で演じられているドラマを構成する理由です。

人生のゴールは演じられるドラマではなく、それが提供する教訓です。すべての人間は自分自身のドラマの劇作家なのです。たいていの人々はこれを忘れています。彼らは彼らの人生のドラマは神によって、あるいは、他人によって、あるいは、想像も及ばないほど広大な宇宙における数学的確率の運によって創造されていると思っています。彼らはまた、人生というドラマは望まれた結果のために瞬間的に演じられる役柄であるだけということを思い出せずにいます。人生をひとつの芝居だと理解する代わりに、彼らは人生を最高のものとみなします。そのとき、ドラマによって約束された教訓は見失われ、多大なる苦痛と哀しみが経験されるのです。

まさにそういうことです。これは私たちの個人的な発展がどのように形作られるかということなのです。私たちはこのようなドラマとして見ることができないドラマを創造し、再創造しています。私たちはそれらが最高のものであると誤解し、苦痛、楽しみ、また苦痛という混乱の中で弄《もてあそ》ばれるのです。遂に、私たちが別の考え方に転換する日がやって来ます。私たちは戻って遠くからドラマを見ることができます。苦痛は軽減し、ドラマのユーモアと智慧《ちえ》がより鮮明になります。

それぞれの人がステージ、実験室、ドラマを創り上げます。しかしながら、あなたはアートマンを覆っている障壁の層を貫くことより理解する方を好みます。やがて私たちが、ドラマを見ている存在であり、見られている存在として、私たちの真の本性を悟る日がやって来ることでしょう。ウパニシャッドが述べているように、ただひとつなるものが在ります。各個人は純粋意識のひとつなる大海原のひとつの波なのです。

真実と真実でないもの、永遠のものと一時的なもの、超越的なものと主観的なものとの間のこれらの障壁、あるいは覆いとは何でしょうか？　魅惑と苦難に対して人間を盲目にする世俗的な人生の構造とは何でしょうか？　すでに示唆したように、世俗的な存在のドラマは罠《わな》ですが、またそれは自由へ至る入り口です。別の方法で表現するならば、ヴェーダンタ哲学によると、人間の心は自由への障害物ですが、またそれは穴をあけ貫通し、人を最奥の宝であるアートマンの王国へ導く道具でもあるのです。

心に関するインド的な見方は、西洋、あるいは、ヨーロッパに広く行き渡っている見方とは異なります。西洋は、ルネ・デカルト(註28)の有名な格言〝我思う、故に、我在り〟のように人間を心で定義します。唯物論的思考者は、魂は体のために、体の生産物として存在すると主張します。インド哲学は反対で、〝我在り、故に、我思う〟です。存在の意識を生み出しているのは体ではありません。反対に、体を生かし続け、活動させ続けるのは存在の意識です。心と体を動かしているものは真の自己なのです。

体と感覚器官はエナジーから生じ、エナジーによって生き、最後にそれに戻って行きます。このエナジーは展開することになっており、私たちの知性の源です。それは知性、心、知覚力を生み出しています。そしてそれらはエナジーの表現の異なった形であり、様式であるだけです。ヴェーダンタは最初に純粋意識があり、そして心がその意識の反射、あるいはその意識からの火花であると主張します。意識とエナジーはエゴを産み出し、そして絶対者が全自己と全宇宙の源であり、背景なのです。

他の言葉で言うと、西洋では心が君主ですが、東洋では意識が君主なのです。ヴェーダンタによると、心は意識に仕え、あるいは意識に仕えるように教育されなくてはなりません。西洋では心が傑出しています。これらの見方はヨーロッパおよび北米の文化とインドの文化との違いを定義しています。

西洋における心の外界への適応は、この2世紀の産業時代の繁栄と高度に発達した技術の進展と科学的な達成につながっています。物質的な繁栄と資源の消費が西洋文明の確定された優良証明です。西洋文化の結果は、彼らが進む限り印象的ですが、西洋の哲学的アプローチは限られています。西洋人は外側に向けられた心に頼っているので、文化的な知識や経験は感覚の知覚領域に限られています。この哲学はあまりに制限されているので、自己の神秘について説明することができません。それは内側の世界を考慮することを否定しています。そこには純粋意識がその永遠なる栄光に輝いて住んでいます。ジレンマは明らかです。外界に向けられた文化は、超高層ビルを築き上げ、心臓を移植し、宇宙遊泳を可能にしますが、人々は彼ら自身の中で、あるいは彼ら自身の集団の中で、真の平和に近づいているでしょうか？　この文化は死の恐れを軽減するために何かしたでしょうか？　死を否定し、死から逃れるためのすべての方法を育成することで、看護や隠居生活の家庭で年配者を隠す最後のときにさえ、この文化は死の恐れを誇張してはいないでしょうか？

内側の世界はヴェーダンタやウパニシャッドの焦点であり、人生のゴールは平和であり、幸福であり、至福なのです。インド哲学は、心を内部器官であるアンターカラナ(註29)と呼ばれる4つの機能を持つひとつのグループとして記述します。これらの4つの機能、あるいは要素は前の章で述べましたが、それらのプロセスはさらに詳細に説明されなくてはなりません。アハンカーラ、あるいはエゴがあります。ブッディは、知性、あるいはより高い機能の心であり、それは区別し、知り、決定し、判断します。マナスはより低い機能の心で、情報を生み出し処理し、感覚の知覚を通して出力したり入力したりします。そして最後はチッタという印象、感情、記憶の潜在意識的な貯蔵庫です。これら4つの要素は、それぞれの要素がそれぞれの特定な仕事をしながら共に調和して働くことになっています。訓練と鍛錬でこれらの4つは協調し、それらはアートマンを探す際の非常に有益な道具となります。協調、識別、訓練がうまくいかないと、それらは進路上の手強い障害物となります。

それでまずは、自分の単なる自己の異なった面を知り、それらの面を訓練し、それらが真の自己ではないと知ることです。カタ・ウパニシャッドは、2輪馬車の譬《たと》えでこれを説明しています。霊的な自己は2輪馬車の持ち主です。そして肉体が馬車です。ブッディは2輪馬車を駆《か》る人として仕え、感覚の経験という開かれた野原で束縛されずに走っている馬のような感覚をコントロールする手綱として心を使います。大抵の場合、不幸なことに私たちはこの隠喩を理解できず、心がどのように機能するかを教えてもらっていません。私たちは何を訓練し鍛錬すべきかを知らないのです。
マナスの性質は、この情報またはあの情報は重要であるか、あるいは取り入れるべきかどうかと問うことに限られています。マナスは〝これは私にとって良いかどうか？〟と問うだけです。マナスはこれらの質問をブッディに伝えなくてはなりません。そしてブッディは答えを持ち、それらをマナスに伝えるために訓練され研ぎ澄まされなくてはなりません。
訓練しないと、信頼をもってそうすることができないときに、マナスはあまりに多くの力をわが物とし、ブッディを無視し独立して行動します。マナスは内側、外側での争いに満ちています。浄化されたブッディの助けがないと、マナスは不確かさと惨めさの源となります。時間を超えてマナスの行動は習慣になります。これはインド人が有名なガヤトリーマントラ[註30]を復唱するひとつの理由です。マントラの一部分は、全能者に知性を強化することを求めています。そしてそれはブッディの機能を改善してくれるように言うことなのです。ディヨォ　ヨォ　ナッ　プラチョォダヤーッ（真理を悟るべく貴方へ瞑想いたします）
訓練されていない心に関する別の問題は、エゴであるアハンカーラが引き受けた不適当な支配力です。訓練されていない心におけるエゴは心の所有者であり、存在の中心であると信じる性質を持っています。訓練されていないエゴはあまりに強力なので、人は彼の真の性質が神聖であり、究極の存在であり、永遠であることを忘れています。マナスがうまくできない仕事をしようとしてブッディに相談せず、エゴがそれ自体を最高であると信じるとき、結果は人間にとって悲惨です。

これらの心の機能を理解することについては、聖パウロが彼の書簡の中で言及していました。〝この世と調子を合わせてはいけません。いや、むしろ、神のみこころは何か、すなわち、何が良いことで、神に受け入れられ、完全であるかをわきまえ知るために、心の一新によって自分を変えなさい〟(註31)

パウロはエゴを粉砕せよ、あるいは押さえつけよとは言いませんでした。彼は〝変容する〟と〝生まれ変わる〟という単語を使いました。マナスは演じる役割を持っています。しかしそれは限られています。ブッディはなすべき仕事を持っています。それでマナスを用います。エゴは役に立ちますが、その役割は限られており永続しません。エゴは世界において作用する格子の枠組みのようなものです。私たちが誤って考えているように、それは有形のものではありません。それは単なるある機能を持った心の一面なのです。エゴは人の本性ではありません。それは、私たちを分離した個別の個体に分割しているエゴと呼ばれる〝わたし〟という感覚です。エゴは私たち個人が自己認識するすべての感覚や性質を集めます。それは私たちの人格の創造者ですが、エゴは究極の存在ではありません。〝わたし〟という感覚、あるいはエゴは2つの要素の混ぜ合わせです。ひとつは変化し、もうひとつは不変です。変化する要素は現象的な宇宙、肉体、そして外部の対象物の感覚、等の基本です。それは展開の源なのです。

マナスとエゴは心の中のあてにならない雑草のようなものです。もしそれらが注意して意見を聞いてもらえないと、役割を接収します。マナスは、これをしなさい、あれをしなさいと言い、これについて嘘《うそ》を言えばあなたは困難から離れていられると言い、これを盗めばあなたは成功し、この喜びを楽しめばあなたは幸せになると言います。そう、これは素晴らしい、これは私のため、そして私はまったく物質そのものだと言います。

マナスが望み、エゴが必要だと言うことは何でもするこの道は、苦痛、恐れ、そしてさらなる無知で終わることでしょう。これは所有し必要とし獲得し保持する道であり、〝わたしは〟〝わたしの〟〝わたしのもの〟の道なのです。エゴは、この体はわたしのものであり、この家はわたしのものであり、この伴侶や子どもたちはわたしのものであると言います。このわたしのものとあなたのものという感覚は、他の個人から個人を分離し、世界を彼らとわたしに分割します。それはまた個人を内面的に分離し、本当の自己に対する障壁を積み上げます。それは死の恐れを作り出します。死は私たちが所有し欲するこれらのものの終わりを意味するでしょう。それは恐ろしいことです。もし私たちが自分は肉体だと思っているなら、死んでいく肉体を予想することは恐ろしいことです。なぜなら、そのとき死は私たちの存在の完全なる停止のように思われるからです。

しかしながら、ブッディが訓練され使われると、人は問います。これは本当に必要だろうか？　この物を本当に必要としているだろうか？　肉体とは何か？　ブッディは、肉体が人の本性ではないのは、静かな湖の表面に反射している太陽が本当の太陽でないのと同じであるということを教えてくれます。ブッディと呼ばれる心の識別力の面が訓練されると、人は一時的な人生は最終的には苦しみに至るということに気が付きます。ブッディは探求を始め、それから一時的でないものに向けられた人生は最終的には苦しみのない人生に至ると結論します。

ひとたびブッディが訓練されると、人には暗く思われる選択がより早く明らかになります。ブッディの鍛錬と識別の術がうまく働く前では、判断力は楽しいものの方に傾きます。ブッディは一時的な楽しみや永続しないものに人生を賭ける無益さに光を放ちます。ブッディはそのとき、より高次な自己へと人を運ぶのに必要な行動や思考の進路へと人を導き始めます。ブッディはエゴとより高次な自己との関係とは何なのかを問います。

ブッディが機能することを許されないと、真の自己は隠されたままです。マナスとエゴを満足させるための無駄な努力で人生は浪費されます。そしてそれは単に内部器官である心全体のただの一面であるだけなのです。マナスとエゴは人間にとっては道具ですが、それらが引き継ぐことを許されると、それらは主人になってしまいます。

心の4番目の要素はチッタという、私たちの印象や思考、願望、感情が保存されている広大な無意識の海です。この海から泡立つものは私たちが人生から人生を通して蓄積してきたものです。たいていの人にとっては、チッタは広大な種々の材料で作ったスープのようなものです。彼らの好みと性格で他を支配するものもあれば、ネガティブなものやポジティブなものもあります。

チッタにおけるこれらの材料は、私たちの態度、思考、行動に影響を与えます。例えば、私たちはアイスクリームに強い願望を持ったり、ある人格に強く反応したり、他よりある風土を好んだり、特別な刺激に対する感情的な反応を持つかもしれません。これらの願望や反応は、まるで突然にやって来たかのようで私たちの手には負えないように思われます。しかしこれらの思考や感情は全く突然にやって来たのではありません。それらは内側からやって来たのであり、アクセス可能であり、コントロールすることができます。最初に私たちは知り、あるいは少なくとも、私たちの心の内側には途方もなく大きな感情と経験の貯蔵庫があるということを合理的な命題として快く受け入れる必要があります。事実、あるいは命題として私たちはそれに基づいて行動し、それを試し、調べることができます。

潜在意識の心へのアクセスは、顕在意識の心である表面を静かにすることから生じます。ほとんど常に心の表面上にはある程度の乱れがあります。ひとつの思考から別の思考へとはね飛びながら、これからあれへ、そしてまたこれへと戻る心があります。ときには乱れは大きく、他のときには表面はより静かです。ほとんど常に顕在意識の中には潜在意識の心へアクセスさせないようにする活動があります。

どのように心が機能するかを知り、それを適切に訓練することは、人間の真の義務なのです。これは霊的な仕事です。なぜなら適切に訓練された心が内なる神にそれ自身を現すことを許すからです。人類に平和と喜びをもたらすのは、この勤めであり義務なのです。

最初の段階は私たちの真の本性は何かを思い出すことです。私たちは体でも、感情でも、思考でも、エゴでも、心でもありません。私たちはアートマン――神聖で純粋な意識なのです。私たちの体と心とエゴはアートマンに仕えるようにはなっていません。もし私たちがその真理を知らないなら、少なくとも私たちが神聖であり永遠であるということを、ひとつの理論として受け入れる価値はないでしょうか？　神聖なる性質の可能性は探求に値しないでしょうか？　それは生と死の関係を知ることにおける批判的な疑問ではないでしょうか？　何が死ぬのでしょうか？　何が生きるのでしょうか？　何が死ぬことができないのでしょうか？

アートマンが人の本質的な性質だと理解されたとき、人はアートマンへの道をきれいにするという仕事を始めることができます。アクセスは心の枠組みや人間の構造を理解することで始まります。

2番目の段階は、ブッディ、アハンカーラ、マナス、チッタという心の4つの面と機能を理解することです。訓練されていない心では、マナスはそれにとっては不適切な役割を引き受け、エゴであるアハンカーラは正当な場所よりもより大きな力と権威の地位につきます。アハンカーラは、実際には個人に形を与える一時的な構造です。アハンカーラは永続しません。それは個人の真の本性ではなく、主人であると思う傾向を持つ召使いなのです。

心の４つの要素は統合されなくてはなりません。それぞれは他と協力し調和して果たす必要のある役割を持っています。マナスとアハンカーラはそれらの仕事をすべきで、それだけにすぎません。ブッディは人に成長と喜びをもたらす決定をするために訓練され用いられなくてはなりません。

この心の要素の統合を完成するためには、心と感情のさらに詳しい理解が必要とされます。４つの基本的な衝動は個人的な感情とそれらの心への影響を決定します。原始的で基本的で全人類や他の生物たちによって共有されているこれらの衝動は食物、睡眠、性交、自己保存のためのものです。これらの衝動の観点から人間と他の動物の間に違いはそれほどありません。違いは、これらの衝動をコントロールする能力において、人間の心が卓越していることです。

他の動物はこれらの衝動に従属しています。彼らの一生はこれらにより決定され導かれます。一方、人間はマナスとブッディを適切に使うことで、これらの衝動をコントロールすることができます。もし心の要素が調和して働かないと、これらの4つの基本的な衝動は、機能障害や情緒不安という一般的に不健康な方法でそれらを表現するでしょう。食事の不摂生、中毒、行き過ぎた性行為は人の心身の健康に影響を与えます。多眠、小眠、断続的な睡眠は心と体に同じ影響があります。自己保存の中心的な問題である死の恐れは、所有物を喪失する恐れや、人間関係における所有欲の強いことや、飛行機恐怖症や他の恐怖症を含む広範囲な恐れに通じます。これらの不摂生と中毒は、それらの感情的な混乱を伴ってチッタの中に流れ込み、個性を形作り、何年間も一生の間でさえ癖を作り出します。

すべての心の要素が真に統合されると、人は悟りのより高いレベルに飛ぶことができます。かつて心の総合的な統御なしに覚醒あるいは悟りを達成した偉人はいません。この統合は努力、実践、技術を必要とします。それは心を一点に集中し内部へ向かわせることを意味します。心が統合されないと、それは巧みな行動をとることができません。なぜなら、思考のプロセスと願望のより繊細な紐は、自由への道においては障害となるからです。

あなたの中にはアートマンがいるという感覚でプロセスを始めなさい。そうすれば、あなたはアートマンを感じるようになり、それはあなたの最良の友人であるということがわかるでしょう。あなた自身と会話をしなさい。あなたの真の本性を思い出しなさい。あなた自身と語り合いなさい。そうすれば、外界において、あるいは他のどこかの場所においても、すべての友人の中で最も良い友人はあなた自身であることを発見することでしょう。外の世界や他人、状況への恐れは消滅することでしょう。そのときアートマンの存在が、次第にそれ自身を明らかにすることでしょう。

この会話は内省を必要とします。自らの人生に興味を持っている親しい友人と一緒だとあなたは彼らの感情に敏感になります。あなたは彼らに耳を傾けます。同じことがあなた自身との関係においても真実なのです。あなた自身の感情と思考に注意を払い、詳しく調べなさい。あなたが親友にするようにあなた自身に優しくしなさい。あなた自身を非難、あるいはすぐに厳しい判断をしてはいけません。あなたはあなたの内側の自己を信頼し始め、あなたの内側の自己がいかに素晴らしいガイドであり、忠実で誠実な連れ合いであるかを理解することでしょう。

最後に心を静かにすることが必要です。最初の方で言ったように、マナスが訓練されず、エゴが制御されていないままだと、心は荒れ狂い制御不能となります。同時にチッタの内容は膨れ上がり、意識の中に表面化し続けます。個人はこの混沌の奴隷となり、常軌を逸した感情と強力な願望の鎖で引っ張りまわされます。

この混乱は静められなくてはなりません。静けさは瞑想で築くことができます。人の体が静かで呼吸が静かで規則正しいなら、心は集中し始めることができます。集中が保たれると、顕在意識はだんだんと静かになり、心の明晰《めいせき》さがより深くなっていきます。

この種の瞑想が達成されると、心をきれいにし、古い願望や思考、恐れの心を空にし、完全にブッディ、アハンカーラ、マナス、チッタを統合するという真の仕事が始まります。完全なる統合により心は、純粋意識はあらゆるところに在り、君主であることを理解します。そのとき心は、すべての力と権威は命の源である純粋意識から生じていることを理解するので降伏します。エゴは消滅し、死は打ち負かされます。

第5章　死を学ぶ

　ヤマはナチケータに、生を理解するには死を理解することが大切だと教えました。そして同様に、生は死を理解するために理解されなくてはならないと。ナチケータは、死は生の終わりではなく、継続する物語における単なる一時的な休止だと学びました。死は単にニューヨーク市のグランドセントラル駅のような駅――ちょうど特別な列車を降りて別の列車に乗る準備をする場所――における停車です。

　これは生または死の意義を減らすことではありません。どのようにして生は導かれるのか、言い方を換えると、グランドセントラルへ行く途中で選ぶ列車は、私たちが到着するとき私たちがどんな心の状態であるか、そして私たちの旅における次の移り変わりのために私たちがどれくらい用意できるかを決定します。私たちは散らかった貧しい列車を拾うこともできるでしょうし、きちんとしたきれいな列車を拾うこともできるでしょう。私たちはあらゆる種類の誘惑と娯楽、踊り子たちやビデオゲーム、そして富と名声の列車を拾うこともできます。ひとたび私たちが、あらゆる娯楽と肉体的感覚の満足に釘《くぎ》づけにされると、その列車を降りることは困難になるでしょう。または私たちがグランドセントラルで列車を降りる時間がやって来ると、努力なしに喜んでそうすることができるように、私たちは道に沿った自然の光景を楽しむことを学ぶ列車を拾うこともできるでしょう。

ナチケータは正しい列車を拾った人の一例です。彼は知識の列車以外にどんな列車も持とうとしませんでした。何も彼に興味を持たせられませんでした。長寿、富、反対の性別、子供たちは、彼の実在の知識と生と死の秘密への願望に対して見劣りがしました。ナチケータにとっては、生と死の秘密だけが持つに値するものだったのです。

内側に居住するアートマンの永遠の本質はウパニシャッドの中心的なテーマです。これは死の神秘の秘密であり、生を理解するための鍵です。神はすべてに浸透し、私たちの生命の命である魂に生命力を吹き込んでいるアートマンです。アートマンは永遠に存続し、不変であり、故に死ぬことはありません。滅びるものだけが死なねばなりません。滅びるものは不滅なるものの発見における道具として仕えるためだけにそこにあります。

死ぬのは、この世の次元を訪問する際に魂の覆いを提供している外観である体です。

内側の自己は影響を受けないままです。それは永遠なる存在なので、死にませんし死ぬことができません。

バガヴァッド・ギーターは述べています。〝彼は非顕現であり、思考の対象ではない、そして不朽だと言われている。それ故、彼を知れば、あなたは誰かのことを嘆き悲しむことはない〟

私たちが人生で気にかけているものを失うことは悲しいことです。愛する誰かが死ぬときは悲しいです。その喪失への哀しみは妥当ですが、その哀しみは長引かせるべきではありません。過度に喪に服することは不健康です。哀しみによって消耗すべきではありません。なぜなら喪失と死は必然的なことだからです。それが、いくつかの文化と宗教的な制度において、哀しみに時間制限を設けている理由です。例えば、厳格なユダヤ人は喪の段階に従います。愛する人の埋葬後は、近しい家族は7日間喪に服します。この間彼らは緊急時以外家を離れません。そして髭《ひげ》を剃《そ》ったり髪を切ったりせず、あるいは新しい服を着ません。彼らは椅子に座ること、または靴を履くことさえ許されません。彼らは哀しみに専念することを許され喪に集中します。その後少し緊張が緩んだ23日間の喪中期間が続きます。ユダヤ人の中には、11か月間の穏やかな喪に服す人もいます。

私たちは、私たちに近い人々の死を哀しみ、私たち自身の死を恐れます。喪の期間があり手放す時間があります。これが地球上及び私たちの歴史を通して、文化が手放し、喪に服し、死を釣り合いのとれた見方に委ねるという習慣を考案してきた理由です。これらの習慣は人々に彼らの人生を続けさせ、彼ら自身の死の準備をするのを助けています。肉体の死は魂の終わりではありません。自己は不変です。それ故、自分自身の時間の限界を超えた哀しみは賢明ではありません。

もし人にとって重要なことが死んでいくことであるなら、死は恐ろしいものとして大きく立ちはだかります。死はその人にとって中心的で意味のあったものに対する終わりを意味します。その哲学における苦痛は深遠です。しかしもし人が死するものを手放すために、物、あるいは人間関係を手放すことを学び、そして永遠であるものだけを求めるなら、死は恐ろしいものではありません。それは単に方向転換、服を換えることなのです。ですから哀しみなさい。しかし、そう長い時間は哀しまないことです。同じアドバイスは失った何に対しても当てはまります。――結婚、仕事、友人、家、夢。そのために哀しみなさい。それから前進しなさい。

死の恐れと死に伴う苦痛は、過ぎ去っていく名前と形を持った世界への執着に本質的につながっています。悲劇であると同じくらい皮肉ですが、人はある意味、死を否定し、彼らのこの世の人生が一時的なものであるという現実を快適なものにするために、この世における物と人間関係を求めます。手当ては慢性の病気よりもなお悪いのです。死の恐れを強化しているのは、これらの物と人間関係への執着とそれらを必要とする信念だけです。物と人間関係につきものの変化は、それらの喪失を確かなものとします。所有者を快適にする代わりに、これらの変化、破壊、死んでいく物は人々に彼らが恐れる死を思い出させます。――肉体、思考、癖、物や人間関係への執着の死を。

これらの執着は喪失と再発する喪失の恐れを生み出し、再生し強化します。それらは人生を惨めにし、死を恐ろしいものにします。この惨めさと恐れからの自由への鍵は、執着を起こさないことにかかっています。

人生の出来事のすべては死から生が生じることを教えようとしています。プロセスにおいては、死ぬことができない何かを知り感じようとする衝動があります。イエスは〝自分のいのちを救おうと思う者は、それを失い、わたしのために自分のいのちを失う者は、それを救うのです(註32)〟と教えました。次の文では、イエスは尋ねました〝人は、たとい全世界を手に入れても、自分自身を失い、損じたら、何の得がありましょう(註33)〟

イエスは、この世の人生とこの地球的な体に執着する人は誰でも、死においては、それらを失うことを意味して言ったのでした。しかしこの世の人生とこの地球的な体への執着を離れ、イエスが意味する永久、あるいは神意識と自分とを同一視する者は、けっして死ぬことはないでしょう。この世のすべての富やすべての愉しみを持つことはどんな役に立つのでしょうか？　それらは私たちが人生と呼ぶ一瞬にすべて消えます。この世の愉しみに意識を集中することは心をあまりに散らすため、内側の自己を探求することができないままになります。

仏陀《ぶっだ》の4つの素晴らしい真理は、人生は苦しみであると述べています。苦しみには原因があり、苦しみの終わりがあり、それを終わりにする手段である解決法があります。仏陀の解決法は、人生を正しく生き、人生を生産的に楽しく旅することです。この道は苦しみの原因である執着と願望を処理することを必要とします〝執着から完全に自由である者にとっては、哀しみはない、恐れもない。欲することから哀しみが生じ、欲することから恐れが生じる。欲することから完全に自由である者にとっては、哀しみはなく恐れもない〟と仏陀は言いました。

別の仏教の経典は〝願望の放棄を通して不死が悟られる〟と述べています。

〝あなたの中の地球的なものを殺しなさい〟と聖パウロは言いました。

一般的に、私たちは人生の早い時期に、幸福とは何かを獲得することや、人間関係から何かを得ることでもたらされるというメッセージを得ます。物は失われ、人間関係は変化し、苦痛がその結果です。私たちは自分と同一視する次から次へと起こる感情と思考を持ち、これが苦痛をもたらします。私たちは自分が肉体であると思い、肉体が病気になったり年をとると、あるいは他の人の肉体が病気になったり年をとったりするのを見ると、苦痛を経験します。

苦痛は何かがバランスを欠いているということを示唆する警告システムです。失った物、変化した人間関係、移《うつ》ろう感情や思考、弱っていく肉体の痛みは、私たちに何を語っているのでしょうか？　ひとつの可能性は、単純に人生がどういう状態であるかということです。私たちはここに到着し、私たちが必要だと思うことは何でも手に入れるために努力します。そしてプロセスにおいて苦痛を経験します。そして物語は終わります。ですが、それはそれほど道理にかなっていません。もし誰かが足に痛みを感じるなら、彼に感染症に警戒させる痛みが単にこう言うでしょう。〝やれやれ、足が感染症に罹《かか》った〟感染は足を通って広がり、その人を殺します。それは理性的ではありません。

人は体に注意を必要とする問題を確認するために痛みを使うのです。彼はそれは解決を必要とする問題だと見るでしょう。人生の痛みは、私たちが物、人、感情、思考、体に対する関係を間違って知覚していると私たちに語っているのです。

私たちは、それらの物、人、感情、体に依存しています。私たちは、それらと自分を同一視し、それらに執着しています。それらが去ったり変化したりすると、私たちは苦痛を感じます。これらの執着は無知と同伴で、死の恐れの源です。私たちが執着すればするほど、私たちが持つ死に対する恐れは大きくなります。どんな執着もない人々——彼らの人生において自分自身が何かを所有していると知覚せず、彼らの肉体はただの器であると知っている人々は、恐れからは自由です。

執着するということは、あるいは何かと自己同一視するということは、何を意味するのでしょうか？　執着は、私たちが私たちの存在のために何かを必要とすると信じているということを意味します。これはエゴの働きです。それは言います〝私はとても重要であるし、私はこの車を持つ必要がある。この車は私のもの、この車は私が成功しているという意味である、この車は私を自己確認するのを助けてくれる〟あるいは、〝私はこの女性と関係を持つ必要がある。彼女なしでは、私は幸せにはなれない。もし彼女が私のもとを去ったら、私は永遠に壊れてしまうだろう、そして人生は無意味になるだろう〟人は物の理想にまで執着します。例えば、アメリカの文化では、人は人生はこうあるべきというあるイメージを持って育てられてきました。彼らは自分が子供の頃から、成長して素晴らしい結婚をし、フェンスと花のある白い家に住み、献身的な子供たちを持つことを夢見ます。彼らはより大きな家や2台目の車、リゾート地の別荘、早期退職を夢見ます。これらは文化が作り出した理想であり、これらの物が彼らの理想に合致しないとなると彼らは惨めになります。彼らはまるで何かの悪い罠《わな》が彼らに仕掛けられたように感じるのです。

これは理想と自分とを同一視することです。あなたはあなた自身を、あなたの人格を、花や完璧な人生がある白い家にいる人として見ます。あなたは、それはあなたであると思います。しかしそれはあなたではありません。これらのイメージに執着してはなりません。人生と共に流れることを学び、すべては浮き沈みがあるということを学びなさい。

同じ傾向が感情と共に低次の心で働きます。私たちは怒り思います。〝私は怒っている〟誰が怒っているのでしょうか？〝私は怒っている〟とは感情と自分とを同一視することであり、感情は私であると信じているということです。私たちは感情にはなれません。人間として私たちは怒りを持ったり、怒りを経験したりできますが、私たちは怒りや他の感情ではありません。

同様に私たちは体ではありません。私たちは体を持っています。それらは私たちが使用するための道具なのです。私たちは言います。〝私は6フィート1インチで金髪で青い瞳を持っています〟私たちはそれではありません。それでもこれは私たちが思っていることなのです。誰かが私たちの外見を批評すると私たちは傷つきます。自分の体が年老いていき、動きがゆっくりとなるのを見ると、それは私たちを恐れさせます。私たちのほとんどは体に意識があり、それが私たちが自分自身を体だと認識している理由です。人は不死の自己から死する自己を切り離すことを学ぶと、識別力が徐々に発達します。

死は真の自己に触れません。それはただ私たちがあまりに強く自分自身を体や周りの世界と同一視するので、信じるのが難しいのです。私たちが何かを意識していないのは、単にそれが存在していないという意味ではありません。

ヤマはナチケータに言います。〝すべての願望と情熱が取り除かれると、完全なる静寂が優勢となり、人間は不死となる〟それが鍵です。死は死を意味しません。何故なら、死は自己に何の影響も与えないからです。生と死のサイクルは行き当たりばったりで不運な現実ではありません。それは指導者です。タオイズムの思想家、荘子は述べています。

〝誕生は始まりではなく、死は終わりではない。無限の存在があり、始まりのない継続がある。誕生があり死がある。吹き出るものがあり入るものがある。人はそれを通して中に入り、それを見ることなく出ていく。それは神の門である〟

永遠を探し求めるために、一時的なものではなく永久的であるものと生を同一視し、それによって死を克服するように導くのが、今述べているウパニシャッドです。

ヴェーダンタによると、私たちは体のためにではなく、まさに私たちの存在のために存在しています。内側の自己は体を創造します。寝ている間私たちは体を意識しませんが、それでも私たちは存在します。物質主義的な思想家たちはあべこべにします。彼らは体に頼り、それは私たちの存在の証拠であると宣言し、もし内的な存在があるとするなら、それは体を通って生じると。ヴェーダンタは、正に反対のことを言います。意識が私たちの体を存在するように思わせているのです。

死は恐れるべきものではなく、生における機能であるということが理解されるべきです。死を受け入れることは現実であり、それはあなたがここでのこの生は一時的なものであり、世界はただの停車駅であり、あなたは学び成長するための旅の途中でここにやって来て、それで旅は終わるのだと悟るのを助けることでしょう。

聖パウロは、生を人に永遠の栄光のために準備をさせる些細《ささい》な一時的な苦悩と呼びました。〝人生におけるすべては〟と彼は言いました。〝霊的な仕事のためなのです〟僅《わず》かに暗いイメージで、しかし同様なメッセージで、荘子は〝人生を膨張、あるいは腫瘍とみなし、死を腫れものの流出、あるいは沸騰の爆発とみなしなさい〟と言いました。

同時に、永遠の真実、あるいは神があなたの内側にいらっしゃるということを忘れずにいなさい。死はあなたにこの世界に執着しないように注意しています。世界から学び、それを手放しなさい。あなたの体をただの道具として見なさい。それが目的に適うと、その仕事がなされます。

第6章　目的を持って生きる

人生に目的があるときにのみ恐れは取り去られ、人生は楽しむことができます。もし人生が目的を持っているなら、私たちは自分自身に尋ねる必要があります。人生の意味とは何でしょうか？　通常私たちは、財産や人間関係の損失を被った後、大きな痛みを経験したときに、この問いを尋ね始めます。私たちは、さらに多くの物質的な富や名声、力を得ることに虚しさを見てきました。私たちは、それらの喜びがどのように素早く過ぎ去るかを見てきました。私たちは〝もし富や名声や力が幸福を与えてくれないなら、それでは何が幸福を与えてくれるだろうか？〟と言い始めます。

痛みから私たちは、人生にはもっと何かがあり、人生は私たちの感覚が経験することに限定されないということに徐々に気づき始めます。私たちはうすうす気づくだけかもしれません。私たちが見たり聞いたりする形ある世界を超えたものについての私たちの知識は、まだかろうじて私たちの奥深くの囁《ささや》きであるだけかもしれませんが、可能性は探求する価値があります。

探求は、人生にはもっと何かがあるかもしれないという哲学を確立することによって始まります。最初その哲学は方向を与えます。哲学を持つと、人生はさらに多くの意味を持つようになり、直ちに違った形をとり始めます。さらに多くのことを学ぼうという意図が集中し、集中はエネルギーを集めます。ただそれだけのことに歓びがあります。

ゴールや私たちの動機の曖昧さだけでは囁きは静かなままですが、私たちは人生における対象物や人間関係を以前とは異なる見方で眺め始めます。それらはもはや私たちの人生の中心ではなくなります。痛みはそれらを失うことにあり、あるいはそれらを失う恐れにあるのであって、それほど強烈なものではありません。

所有したり保持したりすることよりも、多くの意味を示唆するこのような哲学を持つことは人生の雰囲気を変えます。自由の感覚が育ちます。次第に私たちは、重要なのはこの世の物を所有したり保持することではなく、何か他の――多分、与えたり手放すことだということに気づき始めます。

それでもこれらの考えは、私たちの内部の微かな音のままであるだけです。特に私たちはそれまであまりにも声高にはっきりと、財産や富、力を獲得することや感覚的喜びを持つことは、良い人生にとって優先順位が最上位であると聞いてきたのですから。それにもかかわらず微かな内部の音は続きます。

2番目のステップは自分の人生を改革することです。古い習慣を変え、心のあらゆる大きな変化と共に個人的な理解力が許可し成長するにつれ、2番目のステップは徐々に遂行されます。例えば、物を獲得するという哲学からより大きな目的のある哲学へとシフトが起こるので、私たちの必要は減少します。物質的には人生はよりシンプルになり、より障害が少なくなります。人生がより大きな意味を持っているかもしれないという哲学に従っていると、私たちはこれまでと同じやり方で、他者との人間関係を必要としていないことがわかり始めます。私たちは、私たちに何かを与えてくれる他者を必要としていません。私たちは彼らから得られるもののための人間関係に依存しなくなります。私たちは人間関係において、より自由であることができ、人間関係において必要とし、手にすることから――夫婦として親として子としてあるいは他の何かとして――与えることに重点が変わります。感情的には人生はより軽くなります。

哲学と改革は、通常私たちのライフスタイルが以前より華やかなものでなくなり、気晴らしをそれほど必要としなくなることを意味します。人により多くのものを与えるようになります。必要なものは少なくなります。健康に対する関心が変化します。皮肉なことに、ご馳走《ちそう》を食べ多量のアルコールを摂取し喫煙することで、プロセスを早めるために多くのことをする人々は、死を最も怖がっている人々であるように思われます。彼らの死に対する恐れは、より早く死をもたらす感覚的快楽に彼らを引き付けます。人生にはそれ以上のものがあるという哲学があれば、私たちは自然により健康な食事をし、より多くの運動をするようになります。

他の変化も出てきます。人生における優先順位が物質的で感覚的な豊かさであるという狭い視点から、霊的な目的をもった人生のより大きな視点へと広がるにつれ、その時私たちはライフスタイルにおける習慣や人間関係において変わるだけでなく、世界を異なって見ます。もし私たちが得られるすべてを得るために、この惑星にどういうわけか偶然に落とされたともはや考えないならば、そのとき私たちは、それはまた他のすべての人にも真実であるとわかります。もし私たちが、より大きな目的のためにここにいるのなら、そのとき50億人強の地球の住人すべてがそうであるのです。私たちのコミュニティーの感覚は変わります。私たちの家族は成長します。私たちは、異なった道の上にいますが、長い旅の途中にいるすべての兄弟姉妹である世界コミュニティーの一部であるということがわかります。

もはや私たちは他の人々を害するような、あるいは私たちすべてが生きている世界を害するような仕事をすることはできません。もし私たちが環境を汚染する仕事を持てば、あるいは他の人々にとって困難を作り出すなら、私たちは他の仕事を見つけざるを得ないと感じることでしょう。

同時に私たちは、もはや他の人々における違いに怯《おび》えることはありません。もし地球上の50億の人々が、より高い霊的な目的のためにここにいるのなら、そのときは人種、肌の色、そして信条の違いは究極的には表面上のことになります。これらの違いは地球上で起こる他のすべてのことと一緒に、より高い霊的な目的に役に立っています。人種、肌の色、宗教上の信条は、同じゴールに向かっている異なった道の一部なのです。これらの多種多様な人種や肌の色、宗教上の信条の違いがかつて抱えていた、少しばかり異なる人々は所有しているものへの脅威であるという恐れは消えます。

東洋哲学においては、人生のこの広い角度の改革はダルマ(註34)と呼ばれています。ダルマという単語のひとつの意味は、個人的な行動は対人関係や地域や世界のコミュニティーと協調しているというようなやり方で人生を体系づけることです。それは道徳、正義、善行を意味します。個人的な人間関係やより大きな世界的なコミュニティーや地球自身に対して、利己的でなく害することなく愛情をもって、所有せず強欲でなく送られる人生は霊的に健全な人生です。しかしながら、もし人が利己的で他者を害し、何らかの方法でコミュニティーに害をもたらすなら、そして物や人を所有する感覚を感じるなら、そのような人の人生は眉をしかめるものであり、霊的な進歩は妨げられます。

ダルマの別の解釈は運命という考えです。ダルマは人生における個人の義務なのです。言い換えると、ダルマは最も効果的に人生のゴールに到達するために、この人生を有効に使うために個人が辿《たど》る道です。

個人のダルマは、個人的なカルマとサンスカーラに関係しています。霊的な人生において前進するために、個人が学び燃やし捨て去る必要のあるものは何でしょうか？　学びと燃焼に影響を与えることができるダルマとは何でしょうか？　ダルマが大工であろうと、労働者であろうと、消防士であろうと、看護婦であろうと、コンピューター技術者であろうと、父であろうと、母であろうと、カリフォルニア人であろうと、イタリア人であろうと関係ありません。一般的な視点から言うと、ダルマは他より良いということはありません。霊的な進歩という視点からすると、小さな野菜を作る農家であるか、道を掃除する掃除人であるかは、社長であり教父であることと同じくらい有能であり正当なことなのです。それぞれの人々はその人自身の霊的な必要に最も適したダルマを持っています。

従い発展させ、個人的な成長のプロセスにおいて助けとなるそれらの義務を認識するために、個人的な価値を提供する個人的なダルマを探し出し確立することは、極めて重大なことです。

この世俗的な人生を超えたものの探求においては、霊的な道を見つけることが必要です。私たちはみな心の地図の中にガイドブックを必要としています。私たちはみな自分たちの真の神聖な本性への聖なる旅をしているのです。その神聖なる本性は、私たちに非常に身近でよく知られているのですが、またそれは私たちの思考や願望の混乱した心の奥深くに隠されています。

すべての宗教と世界の霊的な組織は、私たちの実在の自己認識についての真理を知りたいという人間的な熱望から生じています。これらの各組織の内部には、すべての人により共有される真理への地図があります。いくつかの地図は、サンスクリット語やラテン語、ヘブライ語、アラビア語、中国語で書かれています。地図の中には、海のルートや他の陸路や空路をとっているものもあります。山の道をガイドするものや、他の道をガイドするものもいくつかあります。しかしながら、それらはすべて真理の同じ頂点に行きます。

私たちはいつも私たちの文化を代表するそれらの組織に自分自身を見出します。宗教は、彼らのライフスタイルや環境、歴史の内容において、人々の霊的な必要に仕えるために文化から発展します。イスラム教は特殊な文化、歴史、コミュニティーの必要から生まれました。同じことが仏教やキリスト教、ユダヤ教、そしてすべての世界の宗教組織に言えます。他より優れたものはありません。それらはただ、文化、時代、必要を反映しているだけです。ヒンドゥー教も実際には生き方であり人生哲学です。それは宗教ではありません。

世界が洗練されたコミュニケーションシステムで小さくなるにつれ、他の文化を持った宗教組織の知識を共有することはより簡単になりました。世界中の人々に恩恵をもたらすアイディアと技術が混合されてきました。アメリカ合衆国とヨーロッパ大陸での今世紀の2分の1における東洋哲学の大きな動きはこの共有の見本です。

しかしながら、宗教組織となった霊的な修養が再解釈されているということを思い出すことは大切です。制度を起こさせる霊的な義務よりも、何か他のものになった制度が現れてきました。イエスは、彼は新しい宗教を生み出してはいないと言いました。彼はただ真理を語っていただけでした。宗教制度は発展し、イエスによって語られた真理を隠してしまいました。真理は今まで通りそこにありますが、しかしその周りには、この新しい制度と真理の解釈があります。

例えば、イエスは、〝わたしが道であり、真理であり、いのちなのです。わたしを通してでなければ、だれひとり父のみもとに来ることはありません[註35]〟と言いました。彼は、永遠の命、あるいはブラフマンへの道はすべてによって体現された純粋な自己であるアートマンを知ることによるということを意味したのです。形作られた組織は述べたことを捕まえ、それを制度上の棍棒《こんぼう》として使い、人々がその制度に参加しその教義をもつようになるか、あるいは運命づけられるように要求しました。

それは、イスラム教の場合も同じです。イスラム教の内部の探求はスーフィー[註36]によりなされてきました。スーフィーは、イスラムの聖典に深く潜り込み、珠玉の智慧《ちえ》と共に浮かび上がってきました。私は、すべての宗教はコミュニティーで共有されるべきひとつの同じ真理を持っていることを知っています。この真理を認識している幸運な少数の人は、混乱を作り出してきたのは聖職者の智慧と教会主義であることを知っています。同じ現象がすべての霊的な制度で起きました。制度は真理を保護するものですが、それらは成長しコミュニティーを縛りつけます。それが宗教の意味なのです。それはラテン語のligareから来ており、文化や類似の信念の人々を縛りつけるという意味です。しかしながら、しばしば制度はそれが教えようと意図している真理を無視し、それ自身の生気を帯びたものになります。制度とその指導者たちは真理そのものよりも生気に満ちたものとなります。これは常に、政治、偏見、独断主義、派閥主義、そして時にはお互いに争う宗教集団との流血の惨事に至ります。精神性は、〝私たちは真理を持っている、あなたがたは持っていない。神はあなたがたではなく我らと共にある〟ということを発展させます。あらゆる宗教の名の下の不正と有害はこの態度から生じます。宗教的な指導者のエゴは、彼らの追従者が彼らを礼拝する状況を作り出し、彼らを恐れさせ、そして道の目的は忘れ去られます。

望ましい道は、組織の要求や組織の指導者の気まぐれではなく、個人の真の霊的な必要に応えるものです。真に霊的な組織においては、組織も指導者も、彼らのメンバーや追従者の霊的な必要に仕えるためにのみ存在します。

第7章　鎖か自由か

個人的な哲学を確立し、自分の人生を再生し、自分のダルマや霊的な道を見つけた後は、霊的な旅には2つの準備の段階があります。

あなたは自分自身の人生に責任を持つことになります。このポイントは今日のアメリカでは特に重要だと思われます。あまりに多くの人々が、自分の不運な状況を他人のせいにするという習慣にあるからです。彼らの両親は彼らを虐待したかもしれませんし、無視し、あるいは何かしら彼らの真価を認め理解するのに失敗したかもしれません。彼らは、結果は彼ら自身の不幸な結婚や子どもとの難しい親子関係や仕事の失敗にあると言います。

おそらく両親は虐待し放棄し無理解でしたが、彼らが知っている限りの最善を尽くしました。疑いなく、ひとつの世代から別の世代への関連性があります。もし両親が子どもに虐待的なら影響はあります。しかしながら、子どもが原因と結果をよく理解すると、そのときそれは、非難と責任から両親を解放し始めるときとなります。それが起こるまで子どもは進むことができません。そのときまで彼らは過去に束縛されます。

同じ種類の非難は兄弟、伴侶、子どもたちに向けられます。政府や教育制度、文化、歴史に向けられます。人生で悪いことは何でも、不公平な兄弟関係や無関心な伴侶、貧乏な子ども、税金、不完全な学校、悪いときに生まれてしまったことなどのせいにします。

自分の人間関係、政府、歴史を理解し、非難することを手放しなさい。あなたの人生であなたの選択でないもの、あなたがしたことではないこと、あなたのカルマでないものはありません。それは厳しく聞こえるかもしれませんが、しかしそれが解放のための現実です。もしすべてはあなた自身がしたことであり、あなたの選択であるなら、そしてすべては霊的な成長にとって正しいなら、そのとき本当に悪いものは何もありません。すべての人は成長のための機会を持っています。恐れるべきものは何もありません。

カルマという言葉は西洋文化においては主流の用法となっています。しかしながら、残念なことに、その言葉はしばしば西洋では正確に使われていません。その意味はたびたび曲解されています。現代の西洋社会の新しい語彙では、カルマという言葉は非常に頻繁に使われるようになり、間違って運命論を意味するようになり、完全に人の手に負えないものを意味するようになっています。人々は言います〝おお、それはカルマだ。あなたができることは何もない〟あるいは〝あなたの過ちではない。それは悪いカルマだ〟と。

カルマという言葉のこの解釈は、起こることは何であれ人がしていることではないという信念を暗にほのめかしています。すべては宿命的なカルマのせいだとなります。この見方は、個人の人生や環境に対する責任を手に取り、それをカルマと呼ばれる抽象概念に置きます。まるでそれがあなたに影響を押し付けて吹き抜ける悪い風であるかのように。

これはカルマが意味することではありません。カルマはあなたを窮地から救うために東洋から来た人の心をとらえる言葉ではありません。カルマは責任をあなたの環境や経験に置きます。カルマはあなたに責任があることを意味し、あなたはあなたの環境を決定します。あなたはあなたの現在、過去、未来の建築家です。それは罪を作り出すことを意味してはいません。あなたの人生に対する責任を受け入れることは、行動し、変化し、成長する力をあなたに与えます。それはあなたが独立した存在であることを意味します。あなたの人生は他人がしたり考えたりすることに依存してはいません。あなたは環境や、両親、利己的な伴侶、思いやりのない子どもたち、暴君のような上司、経済的不況、世界の政治の犠牲者ではありません。

ヴェーダンタ哲学では、〝環境の犠牲〟というフレーズはあり得ません。私たちが自分自身の中に見つけるこれらの環境は、自分自身のデザインであり意志なのです。ヴェーダンタによると、これらの環境は、私たちがそれらに良いか悪いか、楽しいか不快かのラベルを貼ろうとも、私たちが自分の成長のために造り出した機会なのです。最も純粋な意味で、それは学び成長するための絶え間ない次から次へと続く機会があるだけのことなのです。それはカルマを理解し、私たちが完全に私たちの人生に責任があるということを知ることから始まります。

これを理解するもうひとつの方法は、私たちが自分の夢を見るように人生を理解することです。私たちの夢は、私たち自身の創造物だということは受け入れられます。それらは私たちの潜在意識の心から、私たちの思考、願望、恐れから生じます。これらの夢は私たちに有益となり得ます。それらは感情や満たされない願望がうまく働くのを助ける自然な方法です。目覚めている状態と少しも違いません。目覚めている人生の環境は、私たちの神聖な性質の認識に向かって成長する機会を提供するために、私たちによって作り出されます。成長への鍵は私たちに最も不快なものを与える人間関係や状況にあります。これらの人間関係や状況は、不運、あるいは〝悪いカルマ〟から繰り返し起こるのではなく、不快な状況や人間関係が私たちの自由への障壁を意味するからです。自由は、私たちが自分で作り出したこれらの障壁を克服したときにやって来ます。

　これらの障壁は有効でも有害でもないということは、繰り返して言うのも憚《はばか》ります。西洋文化は、これらの障壁は罪と呼び、人々を欠陥者と呼びます。西洋圏では、罪の観念ゆえに苦しんでいるとここで述べることは重要です。ヨーガの科学とヴェーダンタはこれらの障壁を障害物と呼んでいます。これらの哲学的な制度では戒律はなく、ただ適切な展望のもとに理解されるべき約束だけがあります。罪の概念は自信や目的の感覚を起こしません。それは永遠に不完全な人間という認識を強固にし、人間という存在への宿命的なアプローチを助長します。この視点から、もし持たれるべき自由があるなら、それは個人にではなく、創造主の手の中にあるのです。

　これは人生に対するヴェーダンタの視点ではありません。球根から生長する花を思いなさい。花が十分に華麗に咲くということをある条件が可能にし、その条件は確かに必要です。必要とされる条件の中には、球根、泥、水分、ある一定期間維持されるべき温度があります。球根は汚く水浸しで雑菌だらけの環境で生育する、皮の部分が硬くて厚くしなびたみすぼらしいものだと言う人もいるかもしれません。それがユニークな美しさで開花するとき、神がそうなされたのです。ある西洋の宗教的な態度は、不純なものとして人の生を記述し、どんな美しさも外側の神から生じます。ヴェーダンタは、それはただの性質であると言います。球根はただそうであるだけです。そしてその素晴らしく完璧な性質の十分な表現に至るにはある条件が必要とされます。同様に人間はただ完璧なる自己の表現に向かう自然な道のりにあります。それぞれの人は起こるべき完璧さに向かう成長のために、正に正しい条件の下にあるのです。

カルマはこれらの条件を表現する方法です。行為、あるいは、カルマから自由な人はいません。何かをし、何かを言い、何かを考えることがカルマなのです。またこの言葉は、種子を蒔《ま》かれたものは刈られなくてはならないということを意味しています。この2つの定義は関連しています。すべての行為は反応をもたらします。すべての原因は結果を持ちます。すべての考え、言葉、行いは特定の結果をもたらします。過去に私たちがどんな行為を行おうとも、それらの結実は現在そして未来に生み出され、それが私たちの苦しみや哀しみの本当の原因です。ひとたび矢が放たれると、それは目的へと向かわなくてはなりません。矢が私たちの手の中にある限り、私たちはそのコースを選ぶことができます。過去に私たちが無知で犯したすべての悪い行いは、不運な結果を生み出します。私たちは同じ過ちを再び犯すことには気をつけるべきなのです。

この哲学は彼らが以前に犯したすべての過ちの結果を見込んで人々を震えさせるというものではありません。非常に自然で論理的なものを記述するという立場から、カルマの概念を展開のプロセスにおける段階として再考してみてください。

ヴェーダンタはプロセスの長い視点をとり、この視点はナチケータが説明したいと思った神秘である死の秘密を説明します。ナチケータは、もし彼が死の神秘を理解できるなら、生の意味は明らかになるだろうと知っていました。

ヴェーダンタによると、神秘とは今も在り、過去にも在り、これからも在るだろうすべてを構成している単一なる知的な意識が在るということです。私たちが認識し、それで宇宙の部分を名付けるすべての名前と形は、純粋意識の断片であり、陰であり、反射であり、かすかな光なのです。

私たちがこの世の存在と呼ぶこの停車駅における人生の目的は、その実在を完全に発見することです。この世の存在は、個人にとって実在へ至るための道を作るための外見上の建築であるだけなのです。カルマは、私たちが創造する建築に私たちをつないでおく生と呼ばれるロープのようなものです。

私たちはカルマは惨めさの源であると言うことができます。私たちは行為の結果をこうむるのでカルマに集中することができます。カルマは、この世界とすべての苦痛を与える不完全さに私たちを縛り付けるものであると言うことができます。より高い視点であるもうひとつ別の考え方があります。私たちは、カルマを私たちが純粋意識の明晰《めいせき》さを獲得するために取らなくてはならないカリキュラムとして見ることができます。それ以上のものではありません。私たちが人生と呼ぶ迷宮を通してカルマというロープに従い、絶対的な実在を見つけなさい。実在が見つけられるまで、私たちはこの世の人生のこの停車駅に戻って、迷宮をあちこち動き続けます。これらの隠喩をあまりに働かせてしまうことを承知の上で言うなら、カルマとして私たちが言及する自ら課した課題を終了するまで何度も何度も、私たちはひとつの人生の一連のコースをとり、さらなるコースのためにまた別の生に帰ります。死は単に1学期の終わり、あるいは長い文章の点に過ぎません。カルマは重荷として見られるかもしれませんが、別のやり方は、カルマを自然の導き手、指導者、必然的なものとして見ることです。

ヤマはナチケータに、無知の闇に住み富や財産により惑わされる人々は、死の罠《わな》に捕らえられると言いました。これらの存在は死から死へとあちこちに旅をします。カルマは人をあちこちに運ぶボートなのです。旅が終了するまで必要な乗り物です。カルマの法則は逃れられないものであり、それはこの世の人生で終わりません。人は死ぬと自分と共にカルマの法則の種子を運びます。死はそれを変えません。死はただ人生の外側の面、肉体という外観、骨や血が捨てられることを意味するだけです。より微細な人間の中身である思考、感情、カルマは続きます。

人のすべての思考、感情、カルマは、微細な心の中に蓄積されます。チッタのベッドの中に行動や思考から彼らの道を見つける印象は、サンスカーラ（註37）と呼ばれます。今度はサンスカーラが引き起こす行動、彼らが形作る個人的な特徴、それぞれの人が自分自身だと知る習慣や好みはヴァーサナ（註38）と呼ばれます。

私たちは今、個人の生涯から生涯への外側の動きであるカルマの車輪について話しています。私たちは行動し、考え、あるいは願うと、特殊な記憶として溝が心に深く刻み付けられます。溝はサンスカーラです。私たちがある方法で行動すればするほど、考えれば考えるほど、望めば望むほど、溝はより深く刻み付けられます。記憶から湧き出る傾向はヴァーサナなのです。溝が深ければ深いほど傾向は大きくなります。例えば、怒りに対して強い傾向を持つ人は深い怒りの溝を持っています。より多くの怒りは溝を深くし、カルマの傾向の影響を強めることを意味します。

カルマは神のなされることではありません。カルマは各個人によってなされます。それぞれの特定な個人が対処し理解し完遂しなくてはならないものです。カルマは各人自身の行動であり考えであり願望です。他の誰もそれに責任はありません。絶対的に正確です。偶然はありません。すべてはまったく見事に調和がとれています。短い視点では、人生は少しも完全にも公平にも思えません。なぜ人は他人よりももっと苦しんでいるように思うのでしょうか？　例えば、なぜ病気の人がいて、他の人は健康なのでしょうか？　お金持ちがいて、貧乏な人がいるのでしょうか？　カルマの正確さの優位から見ると、人生は完全に公平です。人生は発展において人々を操縦する絶妙に完璧な方法です。

もし人の人生を10万光年の何万倍も離れたところにある親指サイズの的に対して、無限に近い時間と果てしない空間を通して進んでいくく有機的な宇宙船として見るならば、航海においてごく僅かな見込み違いは宇宙船を航路からはずして遠くに行かせてしまうでしょう。カルマは航海の正確さのために備わった装置なのです。それは人をコースに戻します。人がどんなにコースから外れて遠くに離れても、カルマは完全に調整をするでしょう。それらは厳しいかもしれませんが、小さな的に向かって最も狭い針路に人を導きます。

カルマは3つの部分に分けることができます。過去に形成されたカルマ、現在形成されているカルマ、未来に形成されるカルマです。インド人は、「もしあなたが人の過去のカルマや過去の行為を知りたいと思うならば、彼の現在の人生を見なさい」と言います。過去になされたカルマについて今できることは何もありません。それらはすでに放たれた矢です。何本かはすでに到達し、何本かはまだ到達していません。それらの過去のカルマの結果を受け入れ、それらから学びなさい。

自由意志はないと考えることは間違いです。しかし全宇宙と誰かとすべての人に起こることは、カルマと呼ばれるものによって前もって決められています。それでも自由意志はあります。それがカルマのポイントです。まだ放たれていないそれらの矢はまだ私たちの意志の矢筒の中にあります。私たちはどの矢をいつ放つべきかを選びます。私たちは決定し行動します。私たちがそうするやり方が未来を決定します。私たちから離れている何かや誰かが、私たちの運命を決めるのではありません。未来は、細部まで良くても悪くても、悲しくても楽しくても、私たち自身のデザインなのです。私たちは、私たちがしたこと、言ったこと、考えたこと、願ったことによって、過去に生き方を選択しました。私たちは今現在において選択をしています。カルマは原因と結果の法則ですが、自由意志は私たちが法則の束縛をやがては超越することを可能にします。

これは安心を与え、権限を与えます。人生の環境に対する非難を神や運命や他のものに置く代わりに、人は完全な責任をとります。成長の力はその中にあります。生から生へ、環境から環境へ、人は創造し、悟りに向かう長い展開における与えられた瞬間に、成長にとって必要とされることを選択します。それぞれの魂は、自由へ向かう道における前進のための完全なる機会を提供してくれる自分が必要とする両親や家族状況、社会における役割、安楽と不快の混ざったものを選択します。

このカルマのプロセスは、再び折り重なり、絡みつき、そして未来は個人が現在をどのように手掛けたかによって形作られます。確かにカルマが展開し燃え尽きるのに幾生か、かかるかもしれません。結果は、神や他のものや運によるのではなく、自分のカルマへの自分自身の対応にあるのです。人は自分の環境を落ち着いて受け入れることを学ぶにつれ、快適であろうと不快であろうと、喜びと勇気をもって未来を待ち望むことができるようになります。彼らはカルマを超越します。もし苦しみや哀しみが過去の行為の結果であるなら、未来の存在において苦しむことを避けるために、賢者は苦しみにつながる行為をそれ以上犯すことを止めるでしょう。

カルマの法則は妥協のないものであり、すべてはそれに束縛されています。しかしながら、カルマのロープを断ち切り死に打ち勝つ方法はあります。その方法は、巧みに目的をもって生きることです。私たちが打ち勝とうとしながら人生を費やす苦痛と哀しみの源を理解するにつれ、目的にかない巧みに生きる方法を見つけることが徐々にできるようになります。次第に私たちが生まれながらに恐れている死の性質を理解するようになります。不運にも人々はしばしばこの恐れから自分の人生を指図します。

人々が恐れから行動するとき、彼らは恐れから生まれるカルマとサンスカーラを作り出します。これらのサンスカーラが処理されないと、さらなる恐れに遭遇します。もし人が体を自分と同一視すると、彼らは病気を恐れ、年を取ることを恐れ、事故を恐れ、道を横切ることを恐れ、見知らぬ人に遭うことを恐れ、可能な限りのあらゆる悪いことを恐れます。結果として、必然的に日常生活は彼らが恐れる悪いことに引きつけられます。これらの恐れは習慣となり、それは人を危険や病に引き寄せます。もし人が自分と仕事との同一視を信じるなら、その仕事への変化は彼らにとって脅威となるでしょう。もし彼らが仕事を失ったら、彼らは自分と同一視していたものを失います。もし両親と同一視しているなら、その同一視は、子どもが成長し家を離れたときに、試練を迎えます。

人の行動はこれらの恐れに基づいています。行動は恐れの周りに形成されます。彼らの恐れに満ちた行動と思考は恐れそのものを強化し、未来に対する新しくて強力な恐れの種子を蒔きます。強力な閉じ込めるサイクルが回ります。ただ人の選択のみが、そのサイクルを変えることができるのです。カルマの束縛は破壊されなくてはなりません。それは個人の責任です。それは強さと勇気を必要とします。

生と死の秘密は、私たちの真の自己は何であるかを知ろうとする探求だけを含んでいるわけではありません。この神秘を解明することは、私たちの行動、言葉、考え、そしてどのように、またどうして私たちがこれらの行動をとり、ある言葉を発し、特別な考えを考えるのかをも含んでいます。ある方法がとられると、私たちの行動は地球的な人生や誕生と死の終わりのないサイクルに私たちを束縛することができます。別の方法がとられると、行動は人生における喜びと死を超えた勝利を創造します。

あなたがこの人生を選択したことを思い出しなさい。あなたはあなたの旅において、この発見の瞬間に向かって移動してきました。これは最も霊的な前進を遂げるためのあなたが世界に住む完璧なる時間です。あなたの人生における人々、あなたの両親、子どもたち、伴侶、友人たち、同僚たちはあなたの成長にとっては完璧なのです。

外的世界と内的世界における私たちの全人生は、私たちのサンスカーラである私たちの思考、行動、そして選択によって残された印象により動機づけられています。誰も私たちに良い行いか、悪い行いかを罰することはしませんが、私たちのサンスカーラは私たちの現在の行動を動機づけます。私たちは収穫するものを蒔くのです。私たちが私たちの中のこの動機づけの力を理解するとき、私たちは私たちが過ごす人生のために他人や自然や神を責めることはできません。私たちの人生は私たち自身の創造物なのです。私たちの問題は私たち自身です。私たちはこれらの問題を超えて自分自身と闘うべきではありませんが、それらを理解しようとしなさい。私たちは私たちと他人との人間関係を理解すべきです。私たちの人生で正しくないことのために他人を責めることは助けにはなりません。私たちが人間関係にもたらしてきたものは何ですか？　なぜ私たちはそれを選んだのですか？　これらの問いは状況の広い視野や愛情や無私につながります。

より大きな霊的な領域なしにはこの世界は完全ではありません。それはその性質なのです。それは変化し死滅し滅びる世界です。この世界においては究極的な幸福を掴《つか》むことができるものは何もありません。なぜならそれは過ぎ去り、崩壊し、変化するからです。あなたは幸せのためにこの世界や対象物、人間関係に頼ることはできません。なぜならそれらは頼りにならないからです。それらは永続することができず、永遠に同じであることができないため頼ることができません。それはこの実在の性質ではありません。

この世は練習場であり学校であり演劇です。それは不完全の中の完全です。学び成長するための場所としてこの世の次元は矛盾しています。それはあなたの個人的な行いにより形作られ、あなたの個人的な必要に適応したあなたの完全なる創造なのです。

第8章　自由への道

前章では、不死への旅におけるいくつかの初歩的なステップについて述べました。最初は、私たちが自分の本性を限定してきたもの以上の何かであるという考えがなくてはなりません。そして個人的な哲学が確立されなくてはなりません。それは入念に練られたものでなくてはなりません。人生を超えた何かに向かう傾向は始まりにすぎません。人はその傾向と共に動くように自分自身の人生を改革します。同時に傾向そのものは、生き方や行い、思考における変化に向かって人を引っ張ります。そのとき探求者は自分自身のダルマ、あるいは人生における義務に集中し始めます。人間関係に異なるやり方でアプローチし、与える面が強調され、得る必要は少なくなります。ついにその人の人生の個人的な責任が取られるのです。これは十分に豊かに、そして目的を持って人生の死と呼ばれる移り変わりに向かって生きる人生であり、霊的な人生の基礎準備です。

これらの霊的な人生への準備以外に、他の2つの基本的な必要条件があります。霊的な成長のためのヴァイラーギャ、(註39) あるいは無執着、アビヤーサ、(註40) あるいは実践（技術の）です。２つは関連しており、片方は他方を完成させます。アビヤーサは次の章の主題です。

ヴァイラーギャは無執着、分離、平静といろいろに訳されています。それは無関心、感情の欠落、生命のない、茫然《ぼうぜん》自失などと混同されるべきではありません。ヴァイラーギャは、無関心でも茫然自失でもありません。ヴァイラーギャは生き生きとした開放された拡張した生き方です。それは愛として、開放、自由、喜び、与えること、無私、恐れを知らない素晴らしいエネルギーとして、より正確に定義されることができるでしょう。それがヴァイラーギャです。

ヴァイラーギャについてのヴェーダンタの哲学は、あなたは何も所有していないので恐れるものは何もないと言っています。あなたが人生の目的のために必要としているすべてはあり余るほどあります。所有欲が強く利己的である理由はありません。心配する理由もありません。ただあなたが持っているもので、できる限り十分に人生を生きなさい。イエスははっきりと言いました。〝自分のいのちのことで、何を食べようか、何を飲もうかと心配したり、また、からだのことで、何を着ようかと心配したりしてはいけませんⅰ。いのちは食べ物よりたいせつなもの、からだは着物よりたいせつなものではありませんか〟

〝空の鳥を見なさい。種蒔《たねま》きもせず、刈り入れもせず、倉に納めることもしません。けれども、あなたがたの天の父がこれを養っていてくださるのです。あなたがたは、鳥よりも、もっとすぐれたものではありませんか。あなたがたのうちだれが心配したからといって、自分のいのちを少しでも延ばすことができますか〟

〝なぜ着物のことで心配するのですか。野のゆりがどうして育つのか、よくわきまえなさい。働きもせず、紡ぎもしません。しかし、わたしはあなたがたに言います。栄華を窮めたソロモンでさえ、このような花の一つほどにも着飾ってはいませんでした。きょうあっても、あすは炉に投げ込まれる野の草さえ、神はこれほどに装ってくださるのだから、ましてあなたがたに、よくしてくださらないわけがありましょうか。信仰の薄い人たち〟

〝そういうわけだから、何を食べるか、何を飲むか、何を着るか、などと言って心配するのはやめなさい。あなたがたの天の父は、それがみなあなたがたに必要であることを知っておられます〟

〝だから、神の国とその義とをまず第一に求めなさい。そうすれば、それに加えて、これらのものはすべて与えられます(註41)〟

世俗のものを思い悩んではいけません。それらは手に入れ、蓄えるためにそこにあるのではありません。それらは霊的な必要に仕えるためのものなのです。もし霊的な進歩が人生の焦点であるなら、あなたが必要とするすべては、多かろうと少なかろうと、そこにあるでしょう。ヴァイラーギャはこの信頼の表現なのです。

ヴァイラーギャという単語は、専門的には願望の制御という意味です。仏陀《ぶっだ》が説明したように、願望は世界における苦しみの原因です。そのうえ仏陀は、執着のより広い意味で願望を意味しました。願望は人々を物や他のものに引っかけ、執着させ、彼らを依存させ、人生の意味を限定します。苦しみはただの結果です。それ故苦しみを克服することは、仏陀によると、願望を克服することなのです。願望を克服することは不可能なように、あるいは不健康で人間的でさえないように聞こえます。しかし願望を制御し超えることは可能なのです。

ヴェーダンタの哲学では、純粋意識であるアートマン、ブラフマン、あるいはどのように〝それ〟が限定されようとも、ただ〝ひとつ〟があります。もしそれが真実なら、そのとき願望は無意味です。なぜならまさかそこにない何かを願望することはないからです。願望するものはまた、願望されるものなのです。

人間という存在の現実は、私たちが十分に自分自身をアートマンと同一視しない限り、私たちは願望を持つだろうということです。アートマンへの道はこれらの願望を克服することを通り抜けます。この道はヴァイラーギャを必要とします。そしてそれは2つの道、放棄の道か、無私の行いと実践の道です。また、3つ目の中道があります。それは、放棄と実践の釣り合いをとることです。

放棄は厳しく大変難しいです。この世のすべての快楽やすべての一時的なものを見て、〝これらの物と人間関係、感覚の喜びは、私を神のところへは連れて行ってくれない、だから私は何ひとつそれらを持たないだろう〟と言う人は稀《まれ》です。剃刀の刃のような危険な道です。これは修道院生活の道であり、人はそのために十分準備をしなくてはなりません。準備とは、人が人生に対する喜びを味わい、そしてそれらが究極的には虚しさと達成感の無さを残すと理解したことを意味します。

放棄は炎の道です。放棄はこの世の執着を清めます。願望に満ちた通常の人は、放棄に飛び込み、それをすべて諦めると宣言することはできません。炎は願望ではなく、人を消耗させます。願望だけでなく、願望の燃料と副産物である人生のあらゆる失望、嘆き、強い欲望、憎しみ、情熱、怒り、妬み、等々が含まれます。それらのすべては放棄される必要があり、霊的な訓練の強さを持っていなければ、それらを放棄することはできません。

放棄はすでに多くのこの世の願望を焼き尽くした人のためのものです。多くの霊的な実践はすでになされました。探求者は準備され、この道の炎の熱を耐えるのに十分なほど強靭です。人はある日、ただ荷物をまとめて彼の義務と家族を後に残し、放棄の道への時間がやって来たと宣言することはできません。もし彼がすべての最も深い思考を燃やしても、心を規律のないままにして如才ない想像と共に出家するなら、彼は本当には放棄していません。

この所謂《いわゆる》放棄者は道を歩き、暗闇で幽霊や悪魔を見るでしょう。何故《なぜ》なら、彼は最初に彼の恐れに対処しなかったからです。彼は放棄の道を歩くための知識と智慧《ちえ》を持っていません。家から走り去ることは誰をも賢人にはしません。責任を取ることに失敗する人は悟ることはできません。ただ単に世界から逃げることは、あなたを神に導くことはないでしょう。

放棄は自己献身と自己認識の道です。人がこの道にやって来ると、彼はこの世の対象物の限られた価値を理解します。彼は、これらの対象物はそれらが人生のより高いゴールに達するという目的に仕える限り、価値があることを知っています。真の宝は内側に在ると知らない限り、心は欲望をそそるこの世の対象物を追い求めるということを彼は知っています。彼はある洞察を経験し、内部の宝に気付くことによりやって来る静けさと沈黙を楽しみますが、静かな心の見方からこの世の誘惑の危険さを見るだけでなく、瞑想《めいそう》の中でより深く埋もれて潜在する誘惑や願望に気付き、それらの危険さや人を混乱させる性質を知ります。彼は放棄の炎が適切であることを知ります。

この道はたくさんの自己訓練と実践を必要とします。多くの潜在的な願望は心の中に隠されています。これはこの道が剃刀の刃を歩くようなものと呼ばれる理由です。一歩ごとに、転ぶ機会があります。利己的な願望は、放棄によって遭遇するすべての障害物の中で最も強力なものです。この世の誘惑、魅惑から自由と恐れの無さに向かって遠くに行ってしまった人々のみがこの道を辿《たど》ることができます。それは高度に恐れの無さと自由と心を悟りに向かって一点集中させる能力を必要とする非常に多くを要求する道です。これら多くの要求を満たしていない者は成功に至ることはないでしょう。

また放棄の道はどんなに甘美で喜びの多い道であるかを述べる必要があります。人にその準備がなされると、外側に向かっていた願望のエネルギーの多くが内側に向かい、その結果として生じる喜びは比類のない筆舌に尽くしがたいものです。

霊的成長に等しく必要なヴァイラーギャの他の道は無私の行いの道です。この道で人はダルマである義務を上手に無私の心で果たします。すべての人がそうであるように、自分にはするべき行動があることを知っています。その人は十分な注意をもってそれらをしますが、個人的な獲得や栄誉のためや、ある種の見返りのためではありません。その人はそれらには関心がありません。その人は義務を果たし、それがすべてです。この方法でこの道の行為の探求者は、この世に生きることを学びますが、この世を超越します。

放棄と行為の両者の道のゴールは同じです。両方とも悟りを目的としています。両方の道はヴァイラーギャの宝を十分に掘り当てることを求めます。強力な黄金の無執着と欲望の抑制の糸は、放棄の道と無私の行いの道を貫流します。両者の道において探求者は、人生の迷宮を通って悟りへと通じるその強力な糸に従おうと努力しているのです。

人は自分が真に必要なものがわからず、彼らが真に必要なものはすべて満たされるという信仰を持っていないので、行為の果実を求めます。たいていの意図はこれやあれやの行為をして代価を支払われ、称賛を得ることを期待して彼らの人生をちょこちょこと走り回ります。これらのことは個人をより深い混乱へと導く罠《わな》です。この種の人生には自由はありません。それはねずみ籠の中の回し車の上に乗って、より速く回転させ疲労困憊《こんぱい》以外何も得るものがないというようなものです。

人生のゴールは霊的です。あなたの人生の指導的主題としてそれを理解しなさい。快活な態度と十分な注意をもって人生におけるあなたの義務を果たしなさい。学生として、働く人として、子どもとして、親として、地域の一員として等、あなたの役割を果たしなさい。それから手放し、残りを霊的な展開の時間のないプロセスに任せなさい。それは仕事でも義務でもないようになり、すべてのものは調和することでしょう。

このアプローチは人生をシンプルにし拡張します。それは探求者をカルマと執着から清めます。もはや財産を積み上げたり、あなたがしたことに対して他人からの補強を必要としたりという、あなたの行動から勝ち目や目的を集めることに対する関心はなくなります。あなたが必要とするものは少なくなります。あなたの所有したい手にしたいという感覚はますます小さくなります。同時にあなたは次第に利己的でなくなります。あなたの行動は愛が染み込んだものとなります。大いなる喜びが行為が愛でなされたときにやって来ます。個人が手にするものはあなたの行動の背後の動機ではありません。ゆっくりとあなたはあなたの行動を無私の心で行うことを学びます。これをすることは霊的な訓練であり霊的な実践なのです。

第9章　実践、実践、実践

ヴァイラーギャの対をなす面はアビヤーサです。アビヤーサは実践を意味し、実践は訓練と集中を意味します。2つは夜と昼のように関連しています。人は無執着、あるいはヴァイラーギャをアビヤーサなしには発展させることができません。同様にヴァイラーギャなしのアビヤーサは、結局は時間の無駄になります。

これら無執着と実践という2つは霊的な進歩にとって最も強力な乗り物です。別々では、それらはひとつのオールしかないボートのようなものです。動きはありますが、ほとんど進歩しません。

前章では霊的な人生への準備について論じました。これらのステップはあなたの霊的な人生の舞台において幅広いひと漕《こ》ぎを構成します。それらは本質的な背景です。より細かな漕ぎが、それから研ぎ澄まされたイメージと細部がやって来るのですが、アビヤーサ、あるいはサーダナ(註42)により産み出されます。サーダナは霊的な実践であり、常に伝統の特別な実践であるハタ・ヨーガ[註43]やプラーナヤーマ[註44]、あるいは調気法、マントラ復唱などに言及しています。アビヤーサは特別なテクニックの実践のみならず、人生の総合的なゴールや信頼のシステムの適応を含むより含みのある単語です。この本では2つの単語はほとんど交互に使われます。

　アビヤーサを理解し始めることは、あなたが家族や地域という外側の世界と、あなたがより十分に探検したいと思っている内側の世界であるダルマという2つの世界の市民だということを思い出させます。アビヤーサはこれら2つの世界を調和させながら始まります。内側の世界からの囁《ささや》きが聞こえるようにと、外側の世界に生き学び成長し、それでも超越したままであるということは、人生のサーダナなのです。調和は内側と外側の世界の間で達成されます。外側の世界は、内側の世界へのアクセスを得るために使うことができます。そして内側の世界は、外側の世界においてより豊かで充実した人生を容易にします。

　イエスは完全に調和していました。彼は世界にいましたが、世界を超越していました。すべての人間がそうであるように、彼は人間でもあり神聖な存在でもありました。公の霊的な形として彼が非常に重要なのは、彼らが人間であるが故に神聖であり、彼らが神聖であるが故に人間であるということを人間に示したからでした。イエスは彼の人間性を十分に表現することで、彼の神聖さを実演したのです。

カタ・ウパニシャッドが示唆しているように、人間は魂を持った肉体というよりむしろ肉体を持った魂です。神聖は人間において内在的なものであり、人間は本質的に神聖なのです。

霊的な人生を生きることは世界からの逃避を必要とはしません。世界の欠陥を見て、それが醜く罪深いと言うことは役に立ちません。世界から顔をそむけることは、霊的な幸福には至らないでしょう。世界で生きなさい。明らかに不完全な全てのものと共に世界で十分に生きることによって、人は霊的な完全さに達するのです。

調和と無執着に向かう努力に加えて無私の心を実践しなさい。無私の心は遂行するには多くの実践を必要とする技術です。強さ、無執着、愛、恐れの無さが無私の心の実践から育ちます。

誰かに知られることなく他人のために何かをすることをあなたの日々の生活の一部としなさい。他人に対して無私であり親切であることは、努力というよりはむしろ在り方としては大変自然な方法なのです。同時にあなた自身を忘れてはいけません。ヨーガの順守においては、最初の原則はアヒムサ、(註45)非暴力です。この原則は他人だけに適用されるものではありません。アヒムサはまずあなた自身にも適用されるべきです。あなたはあなた自身を傷つけたり、他人を害することをあなたに許したりすべきではありません。あなたの無執着と愛に敏感になりなさい。エゴあるいは自分中心であることは助けにならない一方で、極端に他人中心であることはまた利益をもたらしません。ウパニシャッドは、すべてはひとつであると教えています。

あなたの人生に誠心誠意取り組みなさい。あなたが何をしようとあなたの全ハートと最大の注意をもってしなさい。あなたがあなたの子どもと一緒にいる時は、あなたの仕事ではなく子どもと共にいなさい。過ぎ去ってしまった瞬間や日々ではなく、またはまだやって来ていない瞬間や日々ではなく、すぐ目の前の時間にいなさい。

決断力を持ちなさい。選択し判断し決断するという心の面であるあなたのブッディを訓練しなさい。それは心の非常に強力な部分です。あなたができる最良の決断をし、それに応じて行動し、神聖なる力に結果を任せきりなさい。あなたの友人、活動、暮らしを賢く選択しなさい。それらのすべてはあなたのより高いゴールに一致すべきです。

あなた自身に優しくありなさい。これは長くて困難な旅です。あなたのゴールは欲求不満や落胆を作り出さないように合理的なものであるべきです。あなたが歩く前に喜んで這《は》いなさい。旅を進めるにしたがって、それぞれの技術を完成し、あなたが転んだとき、あるいは後ろに滑ったときでさえあなたを許しなさい。後退は一時的なもので教育的なものなのです。あなた自身を後ろに滑らせ何が起こるかを観察し、あなたの足で元に戻り、前へ進みなさい。後ろに滑るのは成長のパターンの一部なのです。後ろに滑り、そこに留まってはいけません。決して諦めてはいけません。進歩は忍耐でなされます。けっして希望を失ってはいけません。

あなたの体に注意を向けなさい。これはサーダナの一部でもあります。十分に食べなさい。自然な食物をまるごと食べなさい。決まったスケジュールで十分に睡眠をとりなさい。規則的に運動をしなさい。あなたの体はあなたの心の表現です。あなたの体に何が入ってきて、あなたの体がどのように扱われるかは、あなたの心の機能に影響を与えます。

またあなたの呼吸は注意を必要としています。呼吸は生命力であるプラーナと呼ばれる生体エネルギーを運びます。プラーナはあなたに人間として生命を吹き込んでいるエネルギーです。それなしではあなたは一秒も生きてはいられないでしょう。あなたの健康と生命力は、プラーナがいかにバランスよくあなたを通って流れているかにより決定されます。プラーナのバランスを欠いた流れは体と心に影響を与えます。プラーナは体と心の間のつり橋のようなものなのです。もしプラーナが呼吸により運ばれ調和がとれていて規則正しいなら橋は静かです。もしプラーナが規則正しく流れないと、橋は揺れ動き、ひとつの岸から他の不安定な岸へと旅をし、体と心をひっくり返します。

食べ物、セックス、睡眠、自己保存の4つの基本的な衝動をコントロールしなさい。これらの衝動がどのように作用するかを理解し、それらをある方向に向けることを学びなさい。これらの4つの原始的な泉から6つの感情の流れ、すなわち欲望、怒り、自尊心、執着、貪欲、利己心が湧き出ます。

もうひとつの基本的な実践は満足の修養です。多くの西洋人は、彼らの人生が完全でなくてはならないと信じて成長しました。それは起こらないでしょう。それは人生の本質ではありません。人生は常に変化し、切り替わり、崩壊し、消滅しています。それが自然なのです。それを受け入れ理解することが満足するための方法です。

人生は、所謂《いわゆる》後退であろうと同時に栄光であろうと、霊的な視点からは同じです。人生の失望がやって来たときに、それらを教訓として扱いなさい。人生に対する暗い面があり、すべての人は影を落とします。影は光への道を示します。影から隠れてはいけませんが、またそれにしがみつこうとしてもいけません。あなたの暗い面を調べ、受け入れなさい。あなたの後退、不幸と同様に、栄光やあなたが幸運と呼ぶものを同じく平静に扱いなさい。

知足は、集中しエネルギーを保存するには素晴らしい方法です。不満足はエネルギーを浪費し、集中を乱す不幸とネガティブな感情を生みます。これはあなたが満足すべきであると言っているのではありません。知足と満足は同じではありません。ゴールに達するまであなたは満足すべきではありません。旅は知足によってなされます。

アビヤーサにおける3つの黄金則は次の通りです。

（1）ゴールに気付き、いつもそれに向かって働きなさい。

（2）あなたの時間をできるだけ有効に使いなさい。

（3）人生のどのような状況においても幸せでいなさい。

これらの実践のゴールは心を清め集中することであり、心をこの世の執着を超えて高めることです。これはいろいろな願望に向かって心を外に走り続けさせるすべての習慣から清めるための心を浄化するプロセスです。

静かにし、集中し、浄化するというこの仕事を真に行うためには、この道に進む生徒には瞑想《めいそう》の実践が必要です。これは心を集中し、すべての心の変動すべての窪《くぼ》み、曲がり角や噴火を平らにすることを学ぶという実践です。心に集中することは、真の自己に到達するためにこの恐るべき力を浸透させ、心自体に集中する道具を個人に与えます。

大望を抱く人は最初に、アートマンからその人格的な一時的な面を理智《りち》的に識別しなくてはなりません。人の真の本性は、心でも感覚でもなくアートマンなのです。アートマンは習慣、願望、恐れの層の下に隠れています。これらの習慣や思考はあまりに堅固に身を固めているので、アートマンを認識する前に集中力と瞑想の訓練で層を貫通しなくてはなりません。瞑想は心の散乱したすべての力を集め、アートマンに至る心を切り通すことができるひとつの強力な剃刀《かみそり》のような力で、それらを寄せ集める手段なのです。アートマンを感覚を通して悟ることはできず、また学びや神聖なる教えを通して発見することもできません。微細で深くそして永遠であるアートマンは、心を浄化する集中力と瞑想の訓練を通してのみ現れます。

瞑想は探求者を習慣、願望、恐れが生きている感覚と限られた心の層を通過させ、不滅であるそれと対面することになるサマディの超越意識の状態に導きます。アートマンが悟られると、探求者は一時的なこの世の状態である苦しみや喜び、哀しみや惨めさを超越します。アートマンがいるところには死は近づくことができません。アートマンは絶対的な存在の王国であり、永遠の王国であり、私たち内面の深さと同じ程度に離れているだけなのです。

瞑想は座ってもじもじしたり、空想にふけったり、心配したり、夢想したりすることではありません。それは心そのものを見て、静かに観察することを意味します。静かな観察は心そのものをより静かにします。心の静けさは、サンスカーラの層の中へと、日々私たちの習慣や人格を刺激するすべての潜在的な記憶や印象の中へと、より深く深く赴く力を作り出します。しかしながら、静かに非常に静かにサンスカーラに行き、それらを観察することによりそれらは燃え尽きます。それらは表面まで沸騰し消散します。これは浄化のプロセスです。それは非常に強力な実践であり本質的なものです。瞑想はあなたが誰であるかに気づいていく的確な方法であり、あなたの内面の世界を知るための基本的なトレーニングなのです。

これらの実践のすべてを通して、別の実践、あるいは道具が用いられます。それはサンカルパ（註46）という決意を表すサンスクリット語です。〝私は疑わない。私は誠意をもつだろう。私の成長は確かである。私は過ちを犯すと知っている。しかし私は持ち直し、続けるだろう〝これがサンカルパの態度です。サンカルパの実践は非常に重要なので、実際にそれなしでは進歩はあり得ないでしょう。もしあなたが前へ前進することを疑うのなら、あなたは不信の力を証明することになり、進歩しないでしょう。しかしながら、サンカルパはあなたのゴールにあなたを素早く急送することでしょう。聖典は、サンカルパの助けがあれば不可能なことは何もないと述べています。すべての偉大なリーダーたちが〝私はそれをするだろう。私はそれをしなくてはならない。私はそれをする手段がある〝と言うように言いなさい。何が起ころうと、あなたはあなたがやり始めたことをやると決心しなさい。もしあなたが決心したなら、潜在的な心の混乱は今なおそこに在りますが、あなたはあなたの道を続け邪魔されることはないでしょう。あなたはあなたの状況や世界、家族、社会、あなたに合った友人を必ずしも変えることはできません。しかしもしあなたが力と決意を持ったなら、あなたは非常に成功して人生のこの行進を経験することができます。

プロセスが進むにつれ、心は実験室として扱われます。個人は感情の動きや思考の行列を注意し始め、それらに対してますますコントロールできるようになります。アートマンという存在である証人の側面が、その存在を知らしめ始めます。

また実践でより大きな直観力、あるいはより高次な心であるブッディの力がやって来ます。この力は霊的な道においては本質的なものです。瞑想を通して集中され満足に満たされ身を固めた静かな心を用いて、心の力は拡大します。直感は、霊的な探求者を旅に導くのを助け、彼に独りではないと示します。

カタ・ウパニシャッドによると、浄化のプロセスは選択について知り、正しい選択をするという識別力を通して行われます。瞑想を通して志望者をより強く、より決然とさせるために、訓練を通して適切な選択が吸収され同化されます。

最終的には恩寵《おんちょう》があり、それは上記のすべての努力の後にやって来ます。識別力、訓練、瞑想は恩寵のための準備なのです。主人が彼の家を特別な客人のために整えるのと同じく、カタ・ウパニシャッドは、特別な客人であるアートマンは、家が整えられたときにやって来るだろうと言っています。

準備は難しいですが、その難しさは宝をより栄光あるものにし、探求者がそれを達成することをより価値あるものにします。

第10章　神聖なる恩寵

意味深く生を理解し死に近づくための努力においては、ヴァイラーギャ（無執着）とアビヤーサ（霊的修行）は探求者の責任です。これら2つが真に行われると、別のものが引き続き起こるのを助けます。その助けとはグル[(註47)]と恩寵の形でやって来ます。それぞれは他方に関連しており、美しく快適であり非常に強力です。不幸にもそれらはあまりにも頻繁に誤解されます。

西洋文化はこの30年間で東洋からの伝統を次第に歓迎し取り入れるようになってきましたが、あまりに頻繁にグルをただの教師を意味するものと理解してきました。西洋ではしばしば、グルは単に哲学、瞑想《めいそう》、ハタ・ヨーガで訓練された人であるとみなされます。この視点からすると、生徒を聖典やいろいろな霊的な修行で訓練しながら、グルは彼らとこの知識を分かち合うことが望まれます。西洋の生徒は教師に依存し、教師が生徒のためにすべきであることについて高い期待を持つかもしれませんが、それにもかかわらずグルは教師とみなされるだけです。

古い時代では、生徒はグルクラ（註48）で正式な教育を受けました。生徒は彼らのグルと早い時期から一緒に暮らし、知的なレベルに合った指示を与えられるだけでなく、霊的な発達と体の健康の維持においても導かれました。グルは生徒と大変親密な人間関係を持ち、生徒の内部の強さのレベルと習慣を知っていました。

今日の生活では、内的な達成を見出すために探求者が沈黙の言葉を学ぶことに十分に集中できる霊的な環境がありません。外的な世界の誘惑によって生徒が気を逸らされずにいることは非常に困難です。現代の教育は外的な世界の事実を記録することに集中して、内的な存在の成長や発展を無視しています。古い時代のグルクラの制度は今日の世界では実践的ではありませんが、教育へのより聖なるアプローチが適用され得るのです。このようなアプローチは心の知性の面の発達に沿って霊的な成長を強化し、また体の良好な健康状態を維持する方法における指導を含みます。東洋の伝統では、グルは教師よりもはるかに上の存在です。グルは人間としての達成に向かって個人を導いている特別なエネルギーを表しています。恩寵《おんちょう》はエネルギーの瞬間力です。

これを別の方法で表現するなら、私たちが神と呼ぶ完全さに向かってすべての人間を動かしている宇宙に浸透している知性の推進力が存在します。グルはその知性です。その知性に対するすべての人の感受性は異なります。それは準備次第であり、ヴァイラーギャ（無執着）とアビヤーサ（霊的修行）の発達を含みます。言い換えれば、グルは常にそこにいますが、生徒はグルが命じなくてはならないことを受け取る準備ができていないかもしれません。生徒に準備ができたときグルはやって来て、生徒が無知のヴェールを取り除くことにおいて前進するのに必要なことをするのを助けます。ランプの芯と油が適切に準備されると、マスターはランプに灯を灯すと言われています。

グルは人ではありませんが、グルは人で表すことができます。非常に高いレベルまで自身の霊的な気付きを発展させてきた人は他者を導くことができ、グルとみなされます。内面の導きに見事に順応している人だけが、他者において内面の導きの目覚めを起こさせることができるのです。グルは物質的な存在ではありません。もしグルがこの力は自分のものだと思い始めたなら、そのとき彼らはもはや導き手ではありません。グルは伝統であり叡智《えいち》の流れなのです。

インドではグルは尊敬の念を持って使われる聖なる言葉であり、常に最上の智慧《ちえ》と関連づけて考えられます。グルは人生において唯一無二の存在です。弟子とグルとの間の人間関係は他のどの人間関係にも似ていません。グルは母でも父でも息子でも娘でもないと言われています。グルは社会的慣習的な意味における友人でもありません。またときとして、グルは父であり母であり息子であり娘であり友人であり一人ですべてを兼ねていると言われます。グルは弟子にとっては、太陽であり月であり空であり地球なのです。

真実は、弟子に対するグルの人間関係は筆舌に尽くし難いということです。人間関係は世界を超えた王国にも及び、死を超え、家族と友人に関連した限られたカルマ的な縛りをはるかに超えて広がります。父母は彼らの子どもの体を維持するのを助け、成人まで人格形成の時期を通して子どもを養育し導きます。グルは究極の自由へと人生を通して魂を維持し、養育し導きます。

グルとの人間関係は無条件の愛の最も純粋な形の上に基礎を置いています。グルと共に完全なる開放があります。弟子はグルから何も隠すべきではありません。伝統ではこれが生徒がグルのところに行き燃やすための1束の薪を提供する理由です。1束の薪は弟子が持っているすべてが無条件でグルに提供されることを象徴しています。グルが生徒を霊的に形作るという仕事をすることができるように、すべてはグルに提供されます。

弟子は十分な信頼を持ってやって来て、彼の全人生をグルに任せます。グルはその人生を受け取り、叩《たた》き切り、必要でないものを燃やします。それから注意深く残ったものを聖なるものに形作ります。

この切り刻んで燃やすことにおいてはグルは無慈悲です。グルの仕事は弟子と手をつなぎ涙を拭くことではなく、弟子のエゴと弟子と自由の間に立ちはだかるすべてを粉々に切り刻むことなのです。グルは依存を許しません。もし弟子があまりにグルに依存するようになると、グルは弟子を押しやり独立することを強制します。それが最も深い愛の優れた表現なのです。

グルと共に霊的な道の途上にあるということは簡単なことではありません。それは楽しいことではありません。グルは弟子を試み、彼らを最も困難な状況に置き、彼らのために障害物を作り出します。すべての試み、困難、障害物は弟子の意識を訓練し、拡張するためのものなのです。

それはグルのたったひとつの仕事です。グルは弟子から何も欲しません。グルは魂を悟りに向かって動かすその力なのです。グルの行動は純粋な愛からのものです。太陽ははるか頭上で輝き生きているように、グルも霊的な愛を与え無執着なのです。

グルは霊的な叡智の経路です。イエスは繰り返し彼の弟子たちにこのことを思い起こさせました。〝あなたがたが聞いていることばはわたしのものではなく、わたしを遣わした父のことばなのです(註49)〟父とは純粋なる叡智の流れです。イエスは悟った存在として叡智に調子を合わせていたのです。

人間はけっしてグルになることはできません。グルは人間的な経験ではありません。あるいはさらに言うならば、グルは感覚上の経験ではありません。グルであることは神聖な経験です。人間は数々の力により、力を受け取り伝える経路として自分自身が使われることを許可します。そうやってそれが起こり、グルが現れます。それをするには人間は無私の心を学ばなくてはなりません。愛することを学ばなくてはなりません。真の愛は何も期待しません。それはグルが如何に純粋に生きるかということです。利己的でない愛は彼らの悟りの基本であり、叡智の経路としての彼らの役割の基本なのです。

グルはゴールではありません。グルとして崇拝されることを確立した者はグルではありません。キリストも仏陀《ぶっだ》も他の偉大な人々もこのような例とはなりませんでした。グルは川を渡るためのボートのようなものです。良いボートを持つことは重要ですし、水漏れしているボートを持つことは大変危険です。ボートはあなたに川を渡らせてくれます。川を横切ったらボートはもはや必要ありません。旅を完成した後はあなたはボートにしがみつきませんし、あなたは間違いなくボートを崇拝しません。

多くの場合、生徒はグルがどのようであるべきかについての先入観を持ってグルのところにやって来ます。彼らはそこでグルが彼らのために何をしてくれるのかという期待を持ってやって来ます。多分、生徒はグルとは彼らに多くの注意を向けたり、彼らのために決断したり、彼らが自分たちで造り出したトラブルを引き受けるべきだと思っています。ときとして生徒は、グルとはある方法で行動すべきであると思っています。これらの期待と先入観が合わないと、生徒は憤り、グルから離れてしまうかもしれません。

これは教師に近づくには適切なやり方ではありません。生徒は期待と先入観ではなく、学びたいという強い願望と固い決意で満たされていなくてはなりません。そのとき困難はないでしょう。グルと弟子は、そのとき彼らの仕事をそれに応じてすることができます。

霊的な探求者は、グルが誰であるか、グルが何をするかについて心配すべきではありません。探求者の最初の関心は準備をすること、霊的に健康な方法で自分自身の人生や考えを整理すること、それから単純化し浄化する生き方に向かって働くことです。適切なときにマスターはそこにいるでしょう。

ひとたびグルがやって来たなら、グルのやり方と行動は弟子の関心になるべきではありません。弟子の仕事はマスターの指示と教え通りに行動することです。と同時にます無私の心とエゴの降参に向かって働くことです。悟りへの主な障壁はエゴなのです。

霊的なマスターの教え方は多くあり、ときとして神秘的です。1人の生徒に対してグルは生徒と多くの時間を過ごしたり、特別な生徒を可愛がったりと多くの注意を示すかもしれません。別の生徒はマスターに全く無視されるかもしれません。それは関係ありません。それぞれの生徒はマスターの洞察ゆえに正に適切な教えを適切な時に得ているのです。グルは生徒が欲しいと思っているものを与えるためではなく、むしろ霊的に進歩するために必要とされているものを与えるために生徒の人生上にいるのです。

イエスの放蕩《ほうとう》息子のたとえ話はこれを説明しています。簡単に書き直すと、ある男に二人の息子がいました。ある日一人の息子は彼が相続することになるすべての財産と富を求めました。それから彼は去っていき、贅沢な食べ物、飲み物、賭け事、女性という勝手気ままで感覚的な人生を送りました。その富のすべてを使い果たした時、息子は帰ってきました。父は自分の息子を見たとき、走り寄り彼を抱き接吻《せっぷん》をしました。彼は息子に高価な着物を与え、宴会を催すことを命じたのでした。

それまではもう一人の息子が父と共にいました。父のそばでいつも敬意を表し献身的に父のために働きました。献身的な息子は、すべての注意がわがままで向こう見ずな息子に注がれているのを見たとき、父にこれはどうしたことかと尋ねます。

〝ご覧なさい。長年の間、私はお父さんに仕え、戒めを破ったことは一度もありません。その私には、友だちと楽しめと言って、子山羊一匹くださったことがありません。それなのに、遊女におぼれてあなたの身代を食いつぶして帰って来たこのあなたの息子のためには、肥えた子牛をほふらせなさったのですか(註50)〟

父の返答は、本質的にわがままな息子にはこのときこの配慮が必要であり、献身的な息子はそうではないということでした。それぞれの息子は適切なときに彼らの霊的な成長にとって適切なものを与えられたのです。

グルは公平あるいは表面上適切と思われるものからは機能していません。彼はこのような文化的な好ましさに強制されてはいません。彼は厳しく冷酷であるように見えることもあります。彼は生徒を意味のない、あるいは非常に不快な状況に置くでしょう。彼は何か月も意味のないことを言うでしょう。彼は生徒が不可能だと思うことを生徒にやらせるでしょう。グルがすることはすべて生徒の成長のためです。必要なのは生徒がその事実に信頼を持つことだけです。

またグルは言葉や行動なしに教えます。弟子は降参し、道からエゴを動かし、より無心になることを学ぶにつれ、グルから直感的に学ぶ能力が育ちます。生徒は沈黙の洞窟の中で学びます。それはグルの周波数に波長を合わせるか、叡智の流れの中にプラグを差し込むようなものです。グルはいつもそこから働いています。弟子の役割はその場所からまた働くことを徐々に学ぶことです。弟子は愛をもってすべての義務を果たすことにより、無執着であることにより、降参することにより、これを学びます。弟子はいつも純粋になり、より多くの偉大なる叡智のために準備しようと努力します。そのとき神は言うでしょう。〝私はあなたであるこの生ける神殿に入りたい〟不純物を取り除きなさい、そうすればあなたは、実在を知りたい人が実在の源であることを発見することでしょう。

また恩寵の活動もあります。恩寵は衝動か、暗闇を払い除けるエネルギーのはずみです。他から流れてきた智慧から来た聖典という恩寵もあります。その智慧を授け生徒において智慧が生きるのを助ける教師という恩寵もあります。生き生きとした誰の人生においても常にある純粋意識である神の恩寵もあります。これらの3つの恩寵に不可欠なものが、人生において目的のある旅を遂行し、人生の霊的な仕事をし、自ら準備をしようという意志を持っているその人自身という恩寵です。

私たちはこの恩寵をどのようにして得るのでしょうか？　それは探求者が最大限の努力をしたときにそれ自身から生じます。すべての努力がなされ、すべての努力が使い尽されたそのとき、恩寵はやって来ます。

恩寵というサンスクリット語はシャクティパータ[註51]（shaktipata）です。シャクティ[註52]（shakti）はエネルギー、パータ（pata）は授けるという意味です。シャクティパータは〝エネルギーを授ける〟あるいはランプに灯を灯すという意味です。ときどきシャクティパータは〝力を降ろすこと〟と訳されます。力は上からそれ自身から、清浄で純粋でそれを受け取る準備ができている器にやって来ます。グルからの指示が完成され、探求者は無心さで強くなり、降参しサンスカーラが燃え尽きたときに恩寵がやって来ます。

私自身の人生において、小さな子供のときから私は師によって育てられ導かれました。私は彼が私に依頼したすべてのことをやりました。恩寵はやって来ませんでした。私は不満が募りました。それである日、私は師のところに行き言いました。「あなたは私のためにシャクティパータをしたことがありません。それはあなたがシャクティを持っていないか、あなたがそれをするつもりがないことを意味しています」

私は彼に「非常に長い間私は瞑想で目を閉じてきました。頭痛以外は何もありません。私の時間は無駄になり、私は人生に少しも歓びを見出せません」

彼は何も言いませんでした。それで私は怒って話し続けました。

「私は一生懸命に誠心誠意働きました」私は彼に言いました。「あなたは14年かかるだろうと言いましたが、これで17年間実践しました。あなたが私にやるように言ったことはみなやりました。しかし今日は、あなたが私にシャクティパータを授けてくれるか、私が自殺するかでしょう」

ついに彼は私に言いました。「正気か？　おまえは本当に私がお前に教えたすべての実践に従っているのか？　おまえが自殺するというのが私の教えの果実なのか？」

そのとき、彼は少し待てと言いました。「おまえはいつ自殺したいのか？」

「いますぐです」と私は言い、「私は自殺する前にあなたに話しているのです。あなたはもはや私の師ではありません。私はすべてを諦めました。私は世界にとって無益であり、あなたにとっても無益です」

私は近くにあったガンジス川に行くために起き上がり、溺れ死ぬ覚悟ができていました。

師は言いました。「おまえは泳ぎ方を知っている。それでおまえがガンジス川に飛び込んだとき、自然とおまえは泳ぎ始めるだろう。おまえは溺れて戻って来られないように何か方法を見つけた方が良い。多分おまえは重しを体に結びつけるべきだ」「あなたに何が起きたのですか?」私は彼に尋ねました。「あなたは私をとても愛してくれていました」

私はガンジス川に行き、ロープで幾つかの大きな岩を体に結び付けました。私が飛び込もうとしたとき師はやって来て呼びました。「待ちなさい。1分間ここに座りなさい。おまえにおまえが欲しているものを与えよう」

私は彼が本気なのかはわかりませんでしたが、少なくとも1分なら待てると思いました。私は瞑想の姿勢で座り、師はやって来て私の額に触れました。私は9時間その姿勢のままでいましたが、少しもこの世のことは思いませんでした。体験は言葉では言い表せません。私が通常の意識に戻ったとき、私は時間が過ぎていないと思いました。「師よ」私は師に言いました。「どうぞ私をお許しください」

あの接触で私の人生は変容しました。私は恐れと利己的な心を失くしました。私は人生を適切に理解し始めました。私はこの経験は私の努力によるものか、師の努力により起きたのだろうかと思いました。

師の答えは単に「恩寵だ」でした。

「人間は」と彼は説明しました。「あらゆる可能で真摯な努力をするべきである。彼が力尽き絶望に泣き叫ぶとき、献身的な感情が最高に高まった状態で彼は恍惚《こうこつ》に達するであろう。それが神の恩寵である。恩寵はあなたがあなたの信仰と真摯な努力から受け取る果実である」

恩寵は、長い間の訓練、禁欲生活、霊的な実践を経験した弟子だけに可能なのです。生徒がこれらの実践をし、教師の指示に誠実さ、正直さをもって従ったとき、そのとき最も微細な障害物は師によって取り除かれます。悟りの経験は師と弟子両方の真摯な努力から生じます。あなたがあなたの義務を巧みに心を込めて行ったとき、あなたは恩寵を受けて果実を収穫します。行為が終わると恩寵が現れます。シャクティパータは師を通して伝えられる神の恩寵です。

グルは霊的な心の神秘の領域を通って死の王国に入り、そこを超えた生涯を通した弟子の導き手なのです。

第11章　あの世

死んだ後の生についての論争は歴史が始まって以来続いてきましたが、魂の不滅についてはどんな明確な結論も、知識層や霊的に目覚めていない人々には届けられていません。知的な論議や論争によって何が死後存在するのかを理解することは不可能です。絶対的な真理は観察され証明され知覚認識により論証されないという理由で、科学的に証明することはできません。アートマンは知覚認識を超えています。科学的な実験はそれ自身の限界により制限されているので、最高の真理を明らかにすることができません。それは魂の不滅性とあの世について科学者がどんな具体的な結論にも到達できず、彼らを納得させることができるものは何もない理由でもあります。唯物主義者は何かが死の後に存在し続けると信じることは難しいと思っています。知覚認識だけに頼って生きている人は来世を一瞥《いちべつ》することはできません。

人は自分自身の宗教的な信条に従い、死後の生についてある一定の期待を持っています。人は不死と天国への望みを夢見ています。彼らは今は亡き愛する者が永遠に神と共にあるという考えでお互いを慰め合っています。宗教は、天国には多量の水と果物と美しい女性と音楽と踊りなどがあると考えています。ある宗派の信奉者たちは、彼らの敵や獰猛《どうもう》な動物に対する戦いが戦われる英雄の天国の存在を信じています。すべてのこれらの天国は申し立ての通りに、人の最も高い望みが叶《かな》えられる精神的な領域でしかありません。

誰でも彼らが最も快いと見なすある一定の願望を持っています。そして同時に彼らは、このような願望ができる限り叶えられる領域を望んでいるのです。そこで天国を切望することは、人が達成を求めている天国のレプリカである領域を映し出します。この天国は夢でしかない人の理想や願望の投影です。人が夢を見るとき、起きるまで天国にいると思うかもしれません。目覚めると夢の現実性は消えます。夢と天国はある一定の条件の下でのみ現実なのです。

天国の理想はインドの古代の預言者によって考えられました。しかしいくつかの宗教がしているように、彼らはそれを永遠なる状態であるとは考えませんでした。ヒンドゥー教や仏教以外では天国の観念は永遠の存在を意味しています、ヒンドゥー教の哲学によりますと、永遠の天国という理想は現実的には不可能なのです。天国や死後の他の種類の存在は固定的ではなく、その人自身の考えや行動により決定されます。天国の領域を経験し天国の楽しみを喜ぶ人々は、彼らの善い行いや考えが彼らに資格を与える限りそれをすることができます。常に善い行いと考えには限りがあります。同じようにそれらから生じる結果にも限りがあるでしょう。永遠という単語は、始めがなく終わりがないということを意味します。ヴェーダンタでは、天国はそれ自身の性質により永遠ではあり得ません。時間、空間、因果関係という法則に従っているすべての物は永続的でなく滅びます。すべてのこの世の楽しみは時間によって制限されています。それらは永遠に続くことはありません。天国の楽しみはこの世の楽しみに似ています。それらが長い間経験されても、やがては終わりが来ます。この世以外のところで叶わない願望は魂を存在の物質的な次元に連れ戻すことでしょう。

死のときに魂は外側の装いである肉体を脱ぎ捨てます。ヤマはナチケータに、肉体が死んで滅びた後、魂は存在し続けると語りました。物質的な肉体あるいは物質的な宇宙の現象の助けなしで魂が残存する霊的な領域があります。これらの領域は感覚器官には認識できず、霊的な直感を通してのみ知覚され得ます。

悟らなかった魂たちは死後ある不特定な期間、死んだ魂の領域に残存します。それらはこの次元で真の実在の真の性質を悟ることができなかったため、死の通常のプロセスを経験したのでした。

死に伴う恐れのほとんどは死が苦しいかもしれないという恐れです。死のプロセス自体は苦しくはありません。それは単に状態を変化させるだけです。準備不足と執着は死のときに経験される苦しみの原因です。死は準備がなされアートマンの叡智《えいち》を獲得した人にとっては、けっして苦しいものではありません。このような個人は肉体や肉体的な感覚から離れ、肉体的な変化に影響されません。魂が物質次元やこの世のものや個人に非常に執着しているときは、死は苦しみであり、悲惨な状態へと至るかもしれません。

生と死の間にはプラーナが機能を停止する中間の状態（註53）があります。人はこの瞬間の準備をしていないと、精神的な責め苦を経験し、他人に何かを説明し表現することはできないでしょう。実在を知っている人はこの悲惨な状態からは救われます。

死への移行において、外側の乗り物が完全に落とされる前に悟らなかった人々は、喜びや苦しみのそれぞれのいろいろな一時的な段階あるいは領域を経験しますが、それは以前に成したポジティブまたはネガティブなカルマにかかっています。例えばピトルローカ（註54）では、私たちは祖先や親しい人に逢《あ》い、スワルガローカ（註55）では、いろいろな楽しみを楽しみます。チベット死者の書とヒンドゥー教のガルーダプラナは、肉体を捨てるプロセスで人が通り過ぎる段階を広範囲にわたって説明しています。

物質的な肉体が落とされた後でさえ、残存する構成要素の純粋か不純かにより、低い天国の領域と高い天国の領域という異なる天国の領域があります。無知な者にとっては死は天国のような、あるいは地獄のような夢のような光景がところどころに入っている長くて深い眠りです。死んだ魂と意思伝達したと主張する人々は幻覚を起こしているか嘘《うそ》をついているのです。誰かが深い眠りにあるとき誰かと意思伝達することは不可能です。悟った魂のみがいつでも十分に意識的であるので、死後他者と意思伝達することができます。

善い行いをして正しくて利己的でない人生を送り、今生でいくつかの完成を手に入れた人々は、最も高次な領域で神聖なる自己のはっきりとしたヴィジョンを楽しむことができます。しかしながら、最も高次への到達と自己の自覚はこの生だけで持つことができると賢者は言います。ピトリローカとスワルガローカは最高の真理を表すことはできません。自由はこの領域では達成されることはできず、天国のいろいろな楽しみは、魂がアートマンを悟ることを邪魔します。自己認識は死後ではなく今生のここでのみ可能なのです。死後の死んだ魂の領域で真の自己を悟ることができると信じている人々は、悲しくも幻滅を感じるでしょう。肉体の消滅の前にアートマンの不滅の性質を悟らない人々は、人間の誕生を通してやって来る大いなる好機を失うでしょう。ブラフマンの達成はあの世ではなく、今生のここでのみ可能なのです。

ヴェーダンタによると、人間は5つのコーシャという鞘《さや》から成っています（註56）。粗大な物質的な鞘（食物鞘）、プラーナ鞘（生気鞘）、心の鞘（意志鞘）、知性の鞘（理智鞘）、そして至福の鞘（歓喜鞘）です。それらは鞘が種子を覆っているようにアートマンを覆っているので鞘と呼ばれます。それらはひとつの上に別の層が連続して重なって形作られているかのように記述されます。物質的な鞘は一番外側で、歓喜鞘が一番内側です。アートマンは分離していて5つのこれらすべての鞘から離れており、超然としています。

死と同時に、物質的な肉体は意識の心と共に不死の部分から離れます。感覚器官は肉体と共に置き去りにされるので、死後感覚的な知覚はありません。感覚は微細なレベルでは機能しません。

死後外側の乗り物あるいは鞘を捨てる過程で、人は短い間、歓喜鞘に接触するようになります。臨死体験を報告する人々は、彼らが愛で彼らを包む輝く光に引き付けられたことについて語るとき、この短い接触を記述しているのです。このような経験は彼らが自己認識あるいは悟りに対処すべきことを何もしていない場合以外は可能です。これらの一瞬の経験は誰かを変容させる可能性を持っていませんし、透視能力や他人を癒すエネルギーのような超能力を授けたりはしません。もし人が一生涯、暗闇と無知にあるなら、死のときに短い時間であっても、アートマンに接触するにはどうしたら可能でしょうか？　もしランプが多くの覆いを持っていたら、光はとても暗いときにしか見えません。すべての覆いが取り除かれたとき、光ははっきりと見えます。悟りは光を見ることではなく、内側の光が真の存在だと悟ることです。これは太陽、月、星々の光ではありません。智慧《ちえ》と永遠の至福の光です。悟りに相当する経験は他にはありません。死は悟った人にはどんな力もありません。探求者は、死後悟ることを期待する代わりに、次のステップの準備をする真摯な努力をし、地球の次元にいる間の今ここで悟りを達成しようと努力するべきです。

無知なる魂は天国へ行くか、彼らの満たされない願望の満足を求めて地球に帰ってきます。願望する者は生まれます。願望しない者は再び生まれることはありません。生まれ変わりの理論によると、すべての連続する誕生では、より多くの智慧を得て最後には完全なる自由を獲得するように、行為のメリットデメリットによって魂は何度も何度も生まれます。

この生まれ変わりの理論は、現代の科学的な方法では証明することはできません。科学的なアプローチは、原因と結果の法則に一致しているもっともらしい理論として取り扱うことができるだけです。それが物質的な宇宙の正に基本なのです。ウパニシャッドの師たちは天国か地獄における永遠の生まれ変わりの理論には感銘を受けませんでした。なぜならこのような仮説は、原因と結果の不釣り合いな関係に基礎を置いているからです。地球上の人生は短くて誘惑に満ちています。魂に数年の、あるいは全生涯であろうと、その過ちのために永遠の罰を与えることは、物事のあらゆる釣り合いを捨て去ることです。古代の預言者たちは、魂の体現をもたらすのは満たされない願望であると示して、合理的な基準で生まれ変わりの理論を発展させました。別の体を手に入れる前に魂が死の移行期で過ごさなくてはならない時間の長さは、ただ単に願望の強さ次第なのです。自然に設定された厳しくて固定した法則はありません。

ピタゴラス(註57)、ソクラテス(註58)、プラトン(註59)のような多くの西洋の哲学者は生まれ変わりの理論を信じていました。キリスト教の聖書やゾロアスター教の聖典では、生まれ変わりの理論がはっきりと語られているところはありません。また生まれ変わりの理論を否認する預言者もいません。理由は、キリストとゾロアスターの時代では、それは共通の信仰だったからです。

信じる信じないは人の霊的な向上にとって重要な考えではありません。事実は、もし全能の神が親切で慈悲深く人間の運命を決定するのなら、彼の創造において不平等はないということになります。平等は絶対の法則であり、不平等は人間が作ったものなのです。生まれ変わりの理論によると、私たちはみな自分の今生とあの世の生に完全に責任があります。各人は、自分の過去の個人的なカルマを通して形作られた世界に生まれます。

魂は体の現れを通して願望を満たした後、体を脱ぎ捨て、新鮮な形を身につけます。私たちの願望と傾向に応じて、私たちは微妙な点で、いろいろな段階や浄化や微細な鞘のレベルを構成しているより高いあるいはより低い次元に生まれます。私たちは、私たちが想いと行いを通して自分の未来の運命の創造者であることを忘れてはいけません。神は邪悪な者を罰し、善行者に報いると考えることは愚かなことです。

私たちは次の生まれ変わりの要因を意識的に選んではいません。それらは私たちの以前の行動、想い、願望によって決定され、あるいは選択されます。人を表面的に人格として決定するこの決まりきった型である溝の蓄積あるいはサンスカーラは、ある誕生から次の誕生へと旅をします。溝は砂漠の砂丘のように人の経験と意志に応じて移ります。それらは異なる人格と異なる姿を創造しながら、しかしすべては究極の自由に向かって動きながら形を変え、大きな時間の広がりに影響を与えます。溝は姿の特徴を決定します。男性か女性か、どんな親か兄弟か、どんな身分か、どのくらいの苦しみ、どのくらいの喜びか、等々。それについて任意のものはありません。誕生は、展開している個人の魂の霊的な必要性に完全に釣り合っています。

地球あるいは天国における生の一時的な性質を悟った人々は、生と死の終わりのない繰り返しを避けることを求めます。彼らはけっして戻らない天国を超えた最高の実在であるブラフマロカ(註60)を熱望します。悟った個人は、完全にすべての状態で、人間の体で生きている間も死の状態の間も気づいています。ブラフマンを知る者は、どんな領域にもあるいは天国にも行くことはありませんし、常にそうであるもの——すべての自己であるアートマン以外の何かになることもありません。物質的な外観を落とした後は、悟った魂は永遠の至福と幸福、無限の愛と智慧の状態にあります。アートマンを知った者は眠りから目覚め、もはや夢を見ない人のようです。視覚を取り戻した目の見えない人のようです。アートマンの直接体験を持つ解放された魂は、他人に仕えるために戻る選択をしないならば物質的な次元には戻りません。このようなジーヴァ・ムクタ（註61）は、もはや束縛対解放のような二元に身を投げることはありません。

悟った魂は、他の人間を盲目にしているカルマのすべての撚糸《よりいと》を燃やします。このような人は自由の意志をふるい、生まれ変わるべきか絶対と融合すべきかを選択します。もし選択が生まれ変わりなら、その誕生の環境はまた意識的に選択されます。仏教によると、このような魂はアルハットと呼ばれます。

死の王によって明らかにされた秘密は、死後どこに生きるのかを知りたいと思うすべての人間にとって、すべての秘密の中の最も大きな秘密です。通常の人間の場合には、これは来たる多くの誕生にとっては秘密のままです。生と死の神秘やあの世の生はごく少数の幸運な人々にだけ知られているのです。

人間は物質世界やいかに自然を凌《しの》ぐかについて非常に多くのことを学びます。彼らは誕生の秘密を知るために一生懸命に働き、誕生のプロセスをより楽に苦痛が少なくなるようにする方法を見つけました。しかしながら、彼らは死に対し適切に準備することを学んでいません。

死は恐ろしいものではありませんが、恐ろしいのは死の恐れです。死はほとんど中身のない、まったく喉の渇きを癒さないカスを噛《か》んでいるようなものであり、この世を楽しむことに彼らの時間とエネルギーを浪費した人々に慰めを与える母親のようなものです。死は点であって終止符ではありません。死はただの体験であり誰も逃れることができない変化でしかありません。その準備をしない人は愚か者です。

真の自己は死ぬことはできません。それは物質的な鞘が滅ぶときでさえも存在し続けます。物質的な自己はアートマンに潜んだままでいる粗野な媒体です。肉体が滅びたとき、体の微細な物質は同じままです。何も宇宙では失われていません。宇宙的なエネルギーは永遠から永遠へと続いています。

現代の科学は、この世のすべては他のエネルギーの粒子を引き付けようと、エネルギーの粒子を駆り立てる振動の産物にすぎないことを発見しました。固体は連続的にこれらの空の粒子の状態になり、それから電磁波になります。それは最後にはエネルギーの形であると理解されるようになりました。ヨーガの哲学においては、この宇宙に存在し起こるすべては、宇宙エネルギーあるいはプラーナが原因である運動と振動の結果です。この宇宙のすべての生物と無生物はプラーナの振動によって作られます。

このプラーナの振動は、すべての宇宙的な現象の根源であり、宇宙で起こるすべての出来事の第一原因です。プラーナは宇宙的生命の原理であり、それ自体の法則を持っています。プラーナなしには宇宙は存在しないでしょう。著名な科学者であるサー・アーサー・エディントン（註62）は、物質という概念は基本的な物理学から消え、波動の周期性の概念により置き換えられてきていることを私たちは思い出さなくてはならないと言いました。現代科学は、実験により物理学の世界が精神的な現象であると示唆しています。それゆえ物理学が事実上、形而上学《けいじ》に帰結したのは不思議ではありません。したがって古代の師たちの直感的な啓示を確証しています。Sarvam khalv idam Brahma（確かに、これすべてはブラフマンなり）。

最初のプラーナの現れはアカーシャ（註63）である空間で、それは次第に現象的な宇宙へと発展しました。ヴェーダンタによると、宇宙には死んでいる物質のようなものはありません。全宇宙は生きている有機体です。ヤマはナチケータに、この現象界に存在するものは何であれ、プラーナの振動の現れにすぎないと説明しました。リグ・ヴェーダによると、宇宙的な力は展開が始まる前に存在し、現れた宇宙の消滅後も存在し続けるでしょう。ひとつの巨大な源からすべての自然の力が突然現れました。宇宙は宇宙の根本であるひとつなるものの現れです。この宇宙においてはプラーナの振動の消失と獲得のようなものはありません。

プラーナの力により発展の力を通して内側と外側の世界は生まれます。全世界は本質においては永遠です。しかしその外側の形においては永遠ではありません。すべての宇宙の外的な形は破壊され、形のない物質である宇宙の母なるエネルギーが永遠から永遠に存在し続けることでしょう。

生命があるところには知性の現れがあります。知性と生命は相伴っています。この知性は内なる自己のものであり、その道具としてプラーナという生命力を持っています。プラーナの力の助けを通して生きて機能しているのは、本当は真の自己なのです。

対象的な世界は単に宇宙の半分です。私たちが感覚で知覚するものは完全なる世界ではありません。心、思考、感情を含むもう半分は、外的な対象物の感覚の知覚によって説明することはできません。

五感は個人的なエゴが外的な世界と接触する主要なドアです。これらの五感は私たちが外的世界から振動を受け取るゲートなのです。これらの振動は、最初は脳細胞に運ばれます。分子の変化はこれらの細胞で起こり、振動は順番にエゴにより感覚へと翻訳されます。次に感覚は知覚概念に形成され、一連の精神的なプロセスの後、観念に変換されます。これは終わりなく続きます。あなたが何かの対象物を考えるとき、あなたは即座にそのものの精神的なイメージを受け取ります。それは観念と呼ばれます。

もし知的な心が存在しなければ、どんな認識もないでしょう。そういうわけでヴェーダンタは見解を述べています。〝感覚器官よりも感覚は微細であるが、心は感覚を超えている。そして知性は心を超え、宇宙的な自我は知性よりも偉大である〟

プラーナの力は肉体における異なった機能により、プラーナ、アパーナ、ヴィヤーナ、ウダーナ、サマーナ(註64)という5つの名前を与えられています。人間の身体では上昇する空気はプラーナで、下降する空気はアパーナです。ヴィヤーナはすべてのランプを貫く炎のようにさっと回り、体中ですべての流動体とエネルギーの循環を維持しています。ウダーナは死の際に体から魂のガイドを務め、サマーナのおかげで、栄養が吸収されます。

魂あるいはジィーバ(註65)が離れるとき、生命エネルギーであるプラーナが続きます。プラーナが離れるとき、他のすべての生命維持器官が続きます。呼吸システムはプラーナの乗り物です。心と体の関係を確立するのは呼吸なのです。吸息と呼息が機能を止めると死が起こります。肉体的な死は変化であり、潜在意識と魂を無にすることはありません。

話す、掴《つか》む、動く、妊娠する、排泄《はいせつ》するという行為の5つの器官の微細な力と、感覚知覚器官と、5つのプラーナと、マナス、ブッディは微細体を続けます。生まれ変わりのときに魂は微細体に伴われます。粗雑体は死の際に分解しますが、微細体は存在し続けます。メリットとデメリットの倉庫である潜在意識はジィーバあるいは魂のための乗り物になります。私たちの多くの生のすべてのサンスカーラは種子のような潜んだ状態で私たちの潜在意識の倉庫にあるのです。微細体と粗雑体との関係は、種子と植物との関係に似ています。種子は種子遺伝子において植物のすべての性質を内包しているように、潜在意識は私たちの過去生のすべてのサンスカーラを留めています。

仏教徒とヨーガ行者は魂と心と体を信じ、その間を区別しています。魂は創造されたことはありません。それは本質的には意識であり完全です。粗雑体の消滅の後、すべては潜在したままです。魂は生き返ります。私たちの魂は、死後も完全であり、消滅せず、分解せず、破壊されません。もし魂が真の実体であり存在であるなら、それを経験するいくつかの方法があるべきです。適切な霊的な訓練を実行する誰もがこの経験を持つことができます。

生と死は同じ事実にとっての異なる名前であるだけです。それはひとつのコインの2つの面です。このような区別を超えることができる人は死を克服し、彼岸すなわち永遠の生命に到達することができます。アートマンが不死であるという基本的な真理を理解する人は、死の神秘を解き明かすことができるのです。サマディ（註66）を達成した人々は、まさに今生のここで死後の生を経験することができます。自らの真の自己を悟った人は不死なのです。

第12章　死の超越

ヨーガの達人は死からさらに多くのことが学べることを発見しました。死は単なる永遠への魂の旅における必要な休止ではありません。それは人の意志で使うことができる通路であり道具なのです。

これを理解するために、再びカタ・ウパニシャッドに戻ります。ヤマは体を王宮と呼びました。王はアートマンです。ヤマは王宮への11の門を述べました。この門のうち7つは感覚的なものである、2つの眼、2つの耳、2つの鼻孔、1つの口です。さらに3つの門は臍《へそ》と生殖器官と排泄《はいせつ》器官です。最後の門は通常は知られていない器官ですが、脳の中央にあり頭頂に位置する泉門であるブラフマランドラ(註67)と呼ばれているものです。それはアートマンである王の座であり永遠の座です。この座よりアートマンはすべての随行者である心、知性、知覚器官、全体の感覚を支配し命令します。最初の10の門はこの世の生への通路です。ブラフマランドラは神聖で永遠なる生への入り口です。普通の人の場合は、生命力は特にその人の最も強烈な願望の座であった10の門のいずれかを通って離れていきます。完成されたヨーガ行者は11番目の門を通って離れていきます。ウパニシャッドは違いを強調し、これらすべての門の王はアートマンであると強調しています。アートマンは仕えられるべきものであり、そのやり方は知性や心、感覚をコントロールすることにより、11の門における活動を制することなのです。ヨーガ行者はこれらの入り口をコントロールする方法や、アートマンを発見し仕える方法について知っています。彼らは生まれ変わりの神秘を理解するために、ブラフマランドラを使うことを学んでいるのです。

永遠の世界と永遠の生への入り口が十分に統制されると、そのときこの世の生と永遠の生との間のつながりが理解されます。死の惨めさと死に伴う恐れの大きな苦しみは消滅します。感覚、思考の波、心と体のエネルギーを含む人間を構成するすべての要素が調和するとき、アートマンは現れます。

死は体の習慣です。どんなに化学的な構成が似た体でも、変化し滅び死ぬことになっているので、同じ体で永遠に生きる人はいません。必ず死ぬことになっているものにしがみつくことは、恐れと惨めさを作り出します。その執着は自然であり、物質的な面だけに焦点を合わせる人々により分かち合われます。彼らは全体に気付いていないので、苦しむのです。サマディにおいて最終的に最高点に達する瞑想《めいそう》は、この体にしがみつくことからの自由を約束しています。瞑想を通して11の門のコントロールは達成されます。そのとき人は心、体、魂への自制力を持ち、全体に気づくようになります。瞑想の技術には宗教的な教義はありません。

ブラフマランドラは、アートマンとの合一のときにのみ開きます。そしてその合一は、心の中に変動がなく、願望もなく、恐れも執着もない超越状態であるサマディを通して可能です。サマディという単語は、答えられないどんな疑問もなく、解決されないどんな神秘もないというサマヒタンを意味します。同時に心のおしゃべりは消え、すべての言語は忘れられます。このような状態では、心はじっと考えたり深く考えたりする方法はありません。これは心が永遠の超越した知性の黙想に同化している心の栄光ある状態です。ヤマは不死の領域が達成されアートマンが悟られるサマディの状態を述べました。彼は言いました。〝すべての感覚が器官から退き静かになったとき、心が静寂になり静止し思考が心を乱さないとき、その状態でアートマンの栄光は悟られ、至福が地平線に現れ出す。それがサマディの状態である〟

サマディの最高の状態は、全く死とは似ていません。死が無知の暗闇における経験である一方で、サマディは悟りの状態です。サマディにおいては人は完全に意識的ですが、死においては意識はありません。通常の人にとって死は長くて深い眠りなのです。魂は死後、心に執着したままです。しかし個人は深い眠りにいます。自覚はありません。ヤマはナチケータに語りました。サマディとは〝死の状態ではない。それは物質的、精神的な世界の領域を超えた単一性であり同一性である〟

関係性の世界においては、魂は3つの異なる状態を経験します。目覚めている状態、夢見ている状態、深く夢のない状態。トゥーリヤとして知られる4つ目の状態においては、アートマンは魂の3つの門の超然とした目撃者としての本質にあると言えます。深い眠りの状態の間、魂はすべての苦しみと痛みから自由を楽しみますが、トゥーリヤにおいては、それはすべての他の状態から完全に離れていることを経験します。超越意識であるトゥーリヤはサマディと同意語です。サマディと深い眠りの違いは表面上はほとんどありません。深い眠りは喜びの状態ですが、人はそれに気づいていません。サマディにおいては、ヨーガ行者は至福の状態に完全に気づいています。それはアートマンから引き出された直接体験なのですが、他のどんな方法を通しても推測することはできません。

サマディには2つの種類があります。形があるものはサヴィカルパで、形のないものはニルヴィカルパです。サヴィカルパ・サマディ(註69)の間、ヨーガ行者は自分自身の肉体的精神的な状態とプロセスを、それらは彼には属していないのですが、見ます。彼は完全に切り離されています。これは思考者、対象物、そして（思考の）意味すべてがこの状態の間現在に在るため、サヴィカルパ・サマディと呼ばれます。ニルヴィカルパ・サマディ(註70)においては、人はすべての執着から自由です。この深い状態では、思考の意味と対象物は存在しません。知っている者のみが存在します。ニルヴィカルパは、ヨーガ行者が永遠なる至福と溶け合い、アートマンである真の自己と融合している最高の状態です。

サマディの経験は述べることができません。なぜならば思考、言葉、行いを超えた他に類を見ない状態だからです。人間は数えきれない束縛に縛られています。サマディが達成されると、探求者は永遠に自由になります。これは死のないヨーガ行者の永遠の住居である最高の状態です。死後の生は、死の境界が超越される状態であるサマディに到達した人々により、正に今生のここで経験されることができます。

生の知られた部分は、2つの点である誕生と死の間に引き伸ばされている線です。人の存在の大部分は、これら2つの知られた点を超えては不可知であり不可視なのです。通常の人は死と呼ばれる移行についての知識がありません。しかし悟ったあるいは熟達したヨーガ行者はこの世とあの世を理解しています。11の門をコントロールすることを学んだ人々は何があの世であるかを知っており、その知識は彼らに生だけでなく死への勝利をも与えます。

この勝利した人々は死の気まぐれには従属していません。彼らは肉体を脱ぎ捨て、自分自身で決めたときに、自分自身のコントロールの下で死にます。彼らは意識的に11番目の門であるブラフマランドラを通過します。この門を通ることを知っている人は、この世を彼が知っているのとまったく同じように、あの世について知っていると言えます。もはやこの世とあの世の間にはどんなヴェールもありません。

熟達したヨーガ行者は、いろいろな方法で体を脱ぎ捨てることを学びます。私たちは、ここでは通常の死を横に置いておいて、死ぬという行為に立ち向かう別のやり方があるということを単にわかってもらうために、いくつかのヨーガ行者の古典的な技法について少し触れておきます。

ヨーガ行者によって使用されている〝死ぬ〟という一般的な単語はマハー・サマディ

です。サマディは人類により到達可能な静寂の最高の状態に対する単語です。マハーは、偉大な、という意味です。ヨーガ行者は、死と同じくらいシンプルに、人生の終わりを死というより体を脱ぎ捨てる、もはや必要なくなったものを手放すという言い方をします。

ナチケータは意識的に体を手放す技法について説明されました。ヤマは彼に、すべてのナディ（註71）あるいは体のエネルギー通路のうち最も重要であるのがスシュムナ（註72）であると説明しました。スシュムナは脊柱の中央を通り上へと流れます。スシュムナを通してクンダリニー（註73）という霊的なエネルギーあるいは神聖なる力が流れます。スシュムナは自由のキーポイントです。死の際にスシュムナに入ることができる人は、人生の最高のゴールであるブラフマンに到達します。他のすべての道は生まれ変わりの道です。

体を離れるためにヨーガ行者は、クンダリニーという眠っている蛇の力を目覚めさせ、このエネルギーはスシュムナの通路に入ります。それは眉間の間の2つの花弁の蓮《はす》の花であるアジナ・チャクラ（註74）まで上がります。ここでヨーガ行者はプラーナとして知られる体の他のすべての生命エネルギーを集めコントロールします。彼は、自分の意識を現世的な存在感や感覚、5つの下位のチャクラ（註75）から引き出します。彼はアジナ・チャクラに、それから次第にクラウン・チャクラであるサハスラーラ(註76)に向かって集中します。頭頂に集中している間、彼は泉門を通り体を離れ、最終的に絶対的ブラフマンの領域まで上ります。

体を脱ぎ捨てるある特別な方法はサマディにいる間に凍死することです。これはヒマラヤのヨーガ行者の特別なグループにとっては伝統的な死に方です。それはヒマ・サマディと呼ばれています。ヨーガ行者は、寒い山の静けさの中でサマディの状態で座り凍っている体を捨てます。

別の同様の技法はジャラ・サマディと呼ばれます。ヒマラヤの深い川で行われ、ヨーガ行者は呼吸を保ち体を捨てます。

スタル・サマディはヨーガの正座で座っている間になされ、意識的にブラフマンドラを開けます。

体を脱ぎ捨てる非常に稀《まれ》な別の方法もあります。太陽神経叢《そう》(註77)を瞑想することにより、体内の内なる炎が一瞬の閃《ひらめ》きで体を焼き尽くします。すべては灰に帰します。

これらの技法のすべてにおいて痛みはありません。恐れと絶望の行動である自殺には似ていません。ヨーガ行者は、体がもはや悟りのための適切な道具として仕えなくなると、体を捨てます。体がもはや悟りに向かう努力において人に仕えなくなると、それは重荷と考えられます。このようなことは、カタ・ウパニシャッドでヤマからナチケータに授けられたこの世とあの世の知識です。

私は個人的に、ヨーガ行者が多くの状況で意識的に体を脱ぎ捨てるのを目撃したことがあります。私がベンガル人の男女二人組と滞在するためにベナレスに送られた1938年に、その二人から同時に体を落とすと告げられました。二人は数年間一緒に瞑想をしてきました。彼らは死ぬ日を宣言し、私は目撃者の一人になりました。

私は1947年にシッキムにあるパイダングで一人のヨーガ行者に会いました。彼は意志で死ぬことができただけでなく、死人を生き返らすことができました。これらの日々、私はパラカーヤ・プラヴェーシャと名付けられたこの神秘を知りたいと切望しました。彼は5回私がいるところで、この妙技をやって見せました。ヨーガ行者は私に生きている蟻《あり》を持ってくるように言いました。私は1つを持って行き、自ら鋭い刃で3つの部分に切りました。そして10フィート離してそれらをばら撒《ま》きました。ヨーガ行者は、突然深い瞑想に入りました。私たちは彼の脈拍、心臓の鼓動、呼吸を確かめました。しかし生きている兆候はありませんでした。彼が深い瞑想状態に達する前に彼の体には激しい痙攣《けいれん》がありました。

蟻の撒き散らされた部分は集まり一瞬にしてひとつとなりました。蟻は生き返り這《は》い始めました。私たちは3日間それを観察し続けました。ヨーガ行者は死んだものを生き返らせる2つの方法を説明してくれました。太陽に関する科学とプラーナ・ヴィディヤ（プラーナの科学）です。ヨーガの科学におけるこれら両方の支流はヒマラヤやチベットで極少数の幸運な人にのみ知られています。イエスは彼がラザロを生き返らせたとき、これらの方法の知識を実演してみせました。多分アジアの寺院を訪ねる間に、彼はヨーガ行者からこれらの技法を学んだのです。

私がここで述べたいもうひとつ別の興味深い例は、1966年アラハバードのクンバ・メラ[註78]の間、ヨーガ行者により予言された死についてです。私の友人のひとりヴィネイ・マハラジは、彼が体を去るつもりであることを私に知らせるために、私のキャンプ地に使者を送ってきました。私はそれを目撃しに行かなくてはなりませんでした。ヴァサンタ・パンチャミ（春の初日の祭典）の朝4時半に、突然彼は〝いまそのときがやって来た〟と言いました。それから彼は瞑想の姿勢シッダアーサナで座り、眼を閉じ静かになりました。彼がブラフマランドラを通って彼の体を去るとき、〝カチ〟という頭蓋骨の割れる音がしました。

もしそうすることを選び適切な体が手に入るならば、高度に進歩したヨーガ行者が別の死んだ体を身につけることもまた可能なのです。達人のみがこの技法を知っています。通常の心にとってはこれはファンタジーのように思えます。

死の際に意識的に体を離れる能力は、完成したヨーガ行者にのみ限られていることではありません。義務を果たし通常の生活を送っている間でさえ、世界に生きている人々はヨーガのより高度な手法や瞑想を練習することができるというのが私の固い確信です。真摯な努力、適切な準備、導きをもって、ヨーガ行者ではない人も体を去る前に悟りを達成することができます。

ラマナ・マハルシ（註79）の母は、彼女の息子はそうでしたが、悟った人ではありませんでした。彼女が死に行く間、彼は片手を彼女の額に置き、もう片手を心臓の辺りに置きました。彼女の死を目撃した人々は、彼女がときどき激しい苦痛を経験していることに気がつきましたが、ラマナ・マハルシの意志の力は彼女が妄想のぬかるみを渡るのを助け、彼女は自己認識を達成しました。

私は2つの同様のケースを目撃しています。ひとつはミネアポリスでのことでした。

有名な精神病医学者であるホワイタクル博士の母親は長年瞑想を実践していました。死の際、彼女は深いサマディに入り意識的に体を去りました。もうひとつはカンプールで起きたことでした。母親が偉大なる神の帰依者である医者の家族がいました。彼女は私の秘儀を受けていました。彼女の死の6か月前に、彼女は神の名前を思い出し、瞑想しながら独りで部屋で生活することを決心しました。6か月後彼女は病気になり寝たきりになりました。彼女のお別れのときが差し迫っていました。彼女の最後の数日間、彼女は完全に離れてサーダナに溶け込みました。彼女は最年長の息子であるA・N・タンドン博士でさえ部屋にいることを許しませんでした。彼女の死の5分前に彼女は家族全員を呼び彼らを祝福しました。それから彼女は完全なる意識の状態で体を去りました。

彼女の死後、彼女が過ごしたその部屋の壁はマントラの音で振動しました。このことを私に報告してくれましたが、私はそれを信じることができませんでした。それで私は家を訪ね、彼女のマントラの音がいまだにそこで振動しているのを発見しました。

マントラは音節あるいは言葉あるいは1組の言葉です。マントラが意識的に思い出されるとき、それは潜在意識に自動的に蓄えられます。別れのとき潜在意識に蓄えられたマントラはその人の導き手となります。この別れのときは無知なる人々にとっては辛いものです。事実は誠実にマントラを思い出した霊的な人にはそうではありません。マントラはこの移行の時期を通して導き手として仕えます。マントラは死の恐れを払いのけ、人を生の彼岸へ恐れなく導く霊的な導き手なのです。

ヨーガ行者と賢者にとって、死はあまり重要でない出来事です。彼らにとってそれは単に体の習慣であり、成長の過程で起こる他の変化のような変化であるだけです。もしすべての人々がこれに気づくならば、人が年を取り、死に近づくにつれ、惨めさは少なくなることでしょう。死と誕生は同じマンションの2つの門なのです。ひとつの門から出ることは誕生と呼ばれ、別の門を通り過ぎることは死と呼ばれます。誕生と死の神秘を知っている幸運な人はほとんどいません。

第13章　執着からの自由

ヨーガ行者がするように、体を自由意志により喜びをもって脱ぎ捨てることは誰にでもある力ですが、多くの人はそれをすることを学ばないでしょう。たいていの人々はマハー・サマディに興味をそそるかもしれませんが、それらの実践は遠いもので達成できないように思われます。せいぜいこれらの実践は、ゴールあるいは生を通常から異なって見ることができ、そして死は待ち助けなく我慢しなくてはならないものである必要はないという示唆として役に立ちます。

しかしながら、事実はマハー・サマディは大抵の人々の実践が及ばないものです。もしマハー・サマディが実践的に普通の人々にも達成可能であるなら、そのとき死はどのように理解されるのでしょうか？　死はただそれが望むときならいつでも、意図せず準備ができていない人々をこの世から運び去るすべての人々の存在に忍び込む暗い靄《もや》でしかないのでしょうか？　通常の人々は自分の死や彼らに近しい人々の死のためにどのように準備することができるのでしょうか？　人は死が万人共通のもので確実なものであるという事実によって、真に慰めを得ることができるのでしょうか？

繰り返し述べてきたように、死の恐れは執着から生じます。人々は自分の体に執着し、自分の体を自分だと思っています。体が終わるという考えは、それは彼らが自分だと思い込んでいた自己と存在の終わりを意味するため、当然のことながら恐ろしいものです。私たちが無知のままで、私たちは体とその粗大でかつ微細な形を持ったものであると思っている限り、私たちは死を恐れ、死の支配下にあるままです。自己認識の道における最も大きな障害物は、体とこの世の物への執着です。この執着は私たちを奴隷にします。私たちが死と失うことへの恐れを経験するのは、私たちの執着のせいなのです。人は体を意識し体に執着すればするほど、死ぬことへの恐れが大きくなります。

同じ原理がこの世の物や彼らの家、財産、着物、宝石、お金に執着している人々にも適用されます。彼らはそれらが少しばかり意味と人格と価値を提供してくれるので、それらのものを失うのが怖いのです。人々はまた他の人々にも非常に執着しています。彼らが他人に感じる感情は彼らに人格を与え、彼らが死においてその人格を諦めることを恐れます。彼らは、彼らが同様の理由で執着した人々の死を恐れます。もし人の人格が少しばかり他人への執着により定義されるのなら、そのとき他人の死はその人格に影響を与えます。

解決は体、財産、所有物、他の人々へのこれらの執着を取り除くことです。このポイントはしばしば十分には理解されていません。執着を減らし最終的に取り除くことは、人生を逃れ生の喜びを否定することではなく、あるいは何かの方法で価値を減少することではありません。ちょうど反対のことが起きます。執着を軽減することで、生は高められ豊かになります。人は愛し、与え、他人やこの世の出来事に心を開きます。執着は掴《つか》むこと、握りしめること、ぎゅっと掴むこと、堅く握り続けることを意味します。死がやって来たとき、しっかりと握られ掴まれているすべてのものはねじ取られます。何かが堅く握られていればいるほど、ねじ取られることは大きくなり、痛みは深くなることでしょう。もし人生が執着なく開かれた手で送られてきたのなら、そのとき死はやって来るだけで、ねじ取られるものは何もありません。

私たちは突然一瞬で目覚め、すべての執着を手放すことはできません。この世の魅力と誘惑は絶えず執着を強めようと働くため、執着を形成する習慣を元に戻すことは、一生の仕事であり、日々の注意を必要とします。

霊的な探求者は無執着で働く間、彼らは同時に死が何であるか、それは何をするのかについての理解を発展させなくてはなりません。死はただ単に生の終わりを意味するのでしょうか？　それはただ暗闇に這《は》う何か悪いもののように招待状なしにやって来る恐ろしい出来事であるだけなのでしょうか？

東洋の哲学の視点からは、死は生を終わらせることはできません。体は止まり、時間と空間の特定のほんの一瞬における人の時間は終わります。しかし個人は終わりません。この考えからすると、死は暗く恐ろしいものには思われません。死は誕生と同じくらい自然で、誕生と同じくらい奇跡的で美しいものです。死は誕生と同じく、生と成長につながっています。

このような考え方においては、特定の目的と特定の時間の長さの間、個人は時間と空間の途切れに入ります。春に大地を耕し種子を植えることに似ています。時間と状況は目的を完成させるのに申し分のないものなのです。そのとき仕事はなされなくてはなりません。仕事が完成されたとき畑に残っている理由はありません。そのときそれは、待って種子に芽を出させ作物を成長させるための時間なのです。成長の活動がなされた時、それは別の目的、別の時間に畑を再訪するための時間です。

それは人間的な存在の在り方なのです。世界は畑のようなものです。個人は適切な時にやって来て畑を準備し、一度立ち去り、収穫物を刈り入れる適切な時に再び戻って来ます。

この世の存在への個人的な訪問は、エネルギーという単語あるいは時間と空間、あるいはカルマ、あるいは数えきれない他の哲学的な概念という単語で語ることができます。哲学は、個人がエネルギーを持っているか、またはエネルギーであり、そのエネルギーを破壊することはできず、ただ変わると主張します。哲学は、個人は特定な時空連続体に入り、それからそれらを去り、他へと動き続けると述べています。彼らは、個人的なカルマは、ある経験のために特定な時間の長さの間、彼の存在をひとつの形から別の形へと運ぶと主張します。これらの哲学は有益で慰めとなります。しかしすべての彼らの哲学の理解にもかかわらず、死の観念はすべての人々に立ちはだかり、時としてこの世の哲学のすべての解釈は有効ではなくなります。死は私たちが独りで向き合わなくてはならない出来事であるままです。個人的に悟ったあなた自身の哲学だけが、死の時に重要なのです。

死は最も基本的な恐れと個人的に直面することです。人が人生でどのような自己変容の働きを成そうが、本人の哲学がどんな形を取ろうとも、死の瞬間のイメージは恐ろしいものです。ある程度すべての人々は死んでいく恐れを経験します。私たちは異なる程度の確信をもって、死はそれほど恐ろしくないと自分自身に言い聞かせることができます。私たちは、それは存在あるいは意識のひとつの状態から別の状態への単なる変化であると言うことができます。私たちは、少なくとも死は人生の痛みの終わりを意味し、あるいは多分それは永遠に存在する生への入り口であると言うことができます。私たちが自分自身を何で慰めようと、それでも恐れの泡は存在します。私たちは死を恐れます。その恐れは多かれ少なかれ激しくなり、この世からの実際の別れの時に集中します。すべての哲学は、この恐れが現実となるにつれ脇に置かれます。

しかしこの自然な恐れは潜在的に大きな恩恵でもあり得るのです。それは死んでいく人に注意を引き寄せ、それに集中させます。死んでいく人がどのように、何に集中するかは、生きてきた人生の内容を反映し、次に生きるべき人生を始動します。

死はすべての経験、思考、行動、思い出、人の人生上に広がり、拡散されたすべてを手にする批判的な瞬間であり、ひとつの点ひとつの瞬間に人生を詰め込み、時間と空間の小さな穴を通して人生を押し込みます。その勢いとそれと共にあるすべてに押されて費やされ、それを押し通すエネルギーは膨大です。それは別の生を形成するには十分です。

私たちがその針の孔にどのように行くのか、私たちはそれに何をもたらすのか、そして私たちはそれをどのように通過するのかは、とてつもなく重要な質問です。生はどのように生きられるかということと、人を死に連れて行く旅は計りしれない重要な問題なのです。

比較はしばしば眠りと死の間でなされます。一日がどのように過ごされるかは、その夜の眠りの質を決定します。もし人が後悔、恐れ、そして満たされなかった気持ちや不満足でいっぱいになって眠りに就くと、眠りは断続的で、すべてのネガティブな考えは次の日に持ち越され、大きくその日の質を決定します。一日の満たされない願望は次の日に浸透し、その日の精神的で感情的な調子に影響します。新しい日は事実上、前日に終わったそのような眠りから盗み取られているのです。

自由に満足して眠りなさい、そうすれば、次の日は十分に抱擁され、その価値と目的は最良に達成され高く評価されます。手近な日に対してあなたの最善を尽くし、手放しなさい。明日はそれ自身が世話をするでしょう。毎日にそれぞれの価値があり、それぞれの目的があります。

同じ現象は死にも起こります。死の瞬間への生の質は大きく死にゆく人の心の状態を決定します。死において心は非常に集中します。それは真の瞑想の瞬間であり、非常に結束した一点集中の瞬間です。もし人の生が恐れと不安により特徴づけられているのなら、そのときそれらの質は死の時に拡大されるでしょう。もし人が訓練されていない人生を送ったなら、そのとき死は同様に訓練されない方法でやって来るでしょう。

死は目的や訓練なしで人生を送ってきた人にはコントロールできないでしょう。もし人が体と心をコントロールしたことがないか、食べ物や眠りやセックスの衝動を他に向けたことがないなら、そのとき死の瞬間はコントロールできないでしょう。すべての満たされない願望は、すべての恐れは、すべての自分の衝動を我儘《わがまま》に満足させたいという傾向は、それらが一生を通して訓練されていないので、死の時にはたくさんあります。まるで落ち着きのない不安に支配された夜の眠りが次の日の質を決定するように、その人の存在において従うものは何でも、その内なる動揺により決定されるでしょう。

しかしながら、訓練した人生を送り執着を手放すことを学んだ人は、この生から次の生へ恩寵に満ちて通過します。この人は訪問が終わることを知っている訪問客のように去ります。彼女の人生の目的は達成されました。呼気で彼女は出発します。彼女はただ行き、実在は内に在って永遠であり、後に残されるべきこの世のものと人々からは独立しており、影響されないことを知っています。

インドでは、魂の瞬間がこの世を出発し始める時に、他人と本人にそれを出発させるように思い出させることが伝統です。その魂は、もはやこの時間と空間には属してはいないのです。行かせなさい。

死の時にはインドでは、バガヴァッド・ギーターの第2章が、死との対面で恐れることなく魂の旅を熟考することを思い出させるものとして読まれています。第2章の始めにアルジュナ(註80)は死の予測に対面します。彼は恐れ、嘆き、落胆します。彼の師であるクリシュナ(註81)は彼に、恐れるな、弱気に陥ることなく炎のように立ち上がれと言います。〝この感情のすべては死ゆえのものなのか〟とクリシュナは彼に尋ねます。生と死は同じ回転車の部分であり、それぞれは回転の半分であり、それぞれは他方と共に他方に向かって動き回転しているのです。

第14章　わたしは誰か

　創造の古い物語は、天国の後、すべての星、地球、空気、水、空、そしてすべての地上と海の生物が作られ、神は人間を創造したと物語っています。最初の人間が目覚め、初めてこの世の生を意識するようになったとき、彼は湖や川や山や森、飛び跳ねる魚、飛ぶ鳥、たくさんの種類の動物たちを見渡しました。彼は何も言いませんでした。彼は天国や太陽、月、何万もの星の宇宙の大いなる暗闇に向きました。彼は静かでした。そのとき彼は神を見ました。彼は静かでした。彼が彼の周りの彼自身である創造主を含むすべてを理解したとき、地上におけるこの最初の人間は、最後に自分白身を見て言いました。〝私は誰なのか？〟彼は神にでさえ〝あなたは誰なのか？〟とは尋ねませんでした。彼の最初の言葉、彼の最初の不思議に思う思考と最初の好奇心は彼自身の正体を知ることでした。

　それはすべての人間を駆り立てる疑問です。人間が成し欲するすべてのものは、その疑問を含んでいます。人々は幸福と平和を欲しています。本能的に彼らは、幸福と平和の獲得は〝わたしは誰か？〟という疑問への答えにかかっていることを知っています。

意識的にこれを人生の疑問として理解することは、聖なる旅における最初の大きな一歩です。次の大きな一歩は答えを見つけることです。

カタ・ウパニシャッドのナチケータは、答えが生と死の大きな輪に隠れていることを知り、ヤマにその神秘を説明するように要求しました。ナチケータは力と忍耐力と粘り強さを持っていたので、ヤマの答えに対する〝ＮＯ〟を受け取らず、恩恵としての知識さえも受け取りませんでした。

アートマンが答えです。私はアートマンです。あなたはアートマンです。私とあなたはアートマンなのです。それが答えです。

ヤマがナチケータに語ったように、アートマンについて聞くだけでは十分ではありません。アートマンは到達され、理解され、経験によって知られなくてはなりません。ヤマは、学ぶことだけでなく、知性を使うことでも聖なる教えでも、アートマンに到達するには十分でないことを説明しました。アートマンに到達することは、選択と行動を必要とします。

それがカタ・ウパニシャッドのメッセージであり、生と死の意味なのです。ナチケータは選択の機会を与えられました。彼はすべての最も偉大なものであるこの世にある富、力、感覚的な喜びなどをそこで提供されました。彼は他のものを選択しました。世俗的な楽しみを選ぶことは、死と生の終わりのないサイクルにおいて、もうひと回転することを意味するでしょう。それぞれの楽しみにおいては、一瞬の喜びがあり、苦痛の流れが続き、失うことへの恐れが続き、遂には死が続くことでしょう。それぞれの世俗的なものは変化し死にます。人々はこれらの楽しみから苦痛を感じますが、それでもなお彼らはこれらのものが次には、最終的には平和と幸福をもたらしてくれると信じ続けます。この信念はナチケータが知ったように、人々を楽しみの次元である生きて願望し恐れ、そして再び死ぬ次元に何度も何度も引き戻します。

カタ・ウパニシャッドは、〝愚か者は、外側の楽しみを求めて走り、広範囲に取り巻いている死の罠《わな》に落ちます〟と言っています。聖書の申命記の古い神ははっきりと言っています。〝私は、いのちと死、祝福とのろいをあなたの前に置く。あなたはいのちを選びなさい(註82)〟

死なないものを選びなさい。それが神秘への解決法です。アートマンが答えなのです。

挑戦はアートマンを見つけることです。

　この世のものは楽しまれるようになっています。それらは永続しないので、それらに執着することは賢明ではありません。この世のものを楽しみなさい。それからそれらを行かせなさい。それらにあなたの人生を通過させなさい。人生のすべてを抱擁し、人生のすべてを理解しなさい。しかし智慧《ちえ》をもってそれを成し、叡智《えいち》に向かって動きなさい。この世の生は目的ではなく手段なのです。

　うまく人生を生きることは技術です。それは智慧だけでなく勇気をも必要とします。〝この人間の永遠でない現実への束縛は〟とシャンカラは言いました。〝武器によって、風によって、火によって、あるいは何万という行動によって破壊されることはない。叡智の鋭い剣以外のものはこの束縛を切断することはできない。それは識別力により鍛えられ、神聖なる恩寵を通して心の純粋さにより作られる〟

　人生は短く特別です。対象物と誘惑の鼠籠《ねずみ》の中のここで、あなたの時間を浪費してはなりません。楽しみを追い駆けないことです。霊的な成長のためにこの世のものを使いなさい。それが人生を選択するということです。

　ゴールはアートマンです。ウパニシャッドのメッセージは、ただひとつが在るということです。すべてはひとつです。この世のものに対して願望を持つことは、ひとつを多くに変えます。ヤマはナチケータに語りました。〝多くを見てひとつを見ないものは、死から死へと彷徨《さまよ》う〟

選択とは、神か富か、永遠か一時的か、ひとつか多くか、アートマンかこの世の願望かということです。ひとつの選択は永遠の生であり、他の選択は死から死を意味します。それが奥義なのです。

注釈

1　Upanishad　約200以上ある書物の総称である。後世の作であるムクティカー・ウパニシャッドにおいて108のウパニシャッドが列記されていることから、108のウパニシャッドが伝統的に認められてきた。その中でも古い時代に成立した10数点のものを特に古ウパニシャッドと呼ぶ。多くの古ウパニシャッドは紀元前500年前後に成立し、バラモン教の教典ヴェーダの後半の部分に属し、ヴェーダンタとも言われる。ウパニシャッドの中心は、ブラフマン（宇宙我）とアートマン（個人我）の本質的一致（梵我一如）の思想である。この考えを、アドヴァイタ（不二一元論）と呼ぶ。

2　Veda　紀元前1000年頃から紀元前500年頃にかけてインドで編纂された一連の宗教文書の総称。「ヴェーダ」とは、元々「知識」の意である。長い時間をかけて口述され議論されて来たものが後世になって書き留められ、記録され、バラモン教の聖典となった。広義でのヴェーダは、分野別に次の4部に分類される。サンヒター（本集）、ブラーフマナ（祭儀書、梵書）、アーラニヤカ（森林書）、ウパニシャッド（奥義書）。

3 Sanskrit 古代インド・アーリア語に属する言語。古典語として、南アジアだけでなく東南アジアにおいても用いられていた。サンスクリットとはサンスクリット語で「完成された・洗練された（言語、雅語）」を意味する。

4 Brahman ヒンドゥー教またはインド哲学における宇宙の根本原理。ブラフマンは宇宙の源である。神聖な知性として見なされ、全ての存在に浸透している。それゆえに、多くのヒンドゥーの神々はひとつのブラフマンの現れである。初期の宗教的な文書、ヴェーダ群の中では、全ての神々は、ブラフマンから発生したと見なされる。ウパニシャッドの哲学者は、ブラフマンは、アートマン（真我）と同一であるとする。

5 Paulo（?—65年） 初期キリスト教の使徒であり、新約聖書の著者の一人。もともとイエスの信徒を迫害していたが、回心してキリスト教徒となり、キリスト教発展の基礎を作った。

6 新約聖書コリント人への手紙4章1（パウロの書簡）

7 新約聖書コリント人への手紙4章18（パウロの書簡）

8 新約聖書マタイの福音書6章19—20

9 新約聖書マタイの福音書6章21

10 Atman ヴェーダの宗教で使われる用語で、意識の最も深い内側にある個の根源を意味する。真我とも訳される。最も内側を意味するサンスクリット語のAtma（アートマ）を語源としており、アートマンは個の中心にあり認識をするものである。それは、知るものと知られるものの二元性を越えているので、アートマン自身は認識の対象にはならないといわれる。また、アートマンは、宇宙の根源原理であるブラフマンと同一であるとされる（梵我一如）。

11 Karma　業、行為。

12 Mantra　本来的には「文字」「言葉」を意味する。真言と漢訳される。宗教的には讃歌、祭詞、呪文などを指す。インドではヴェーダ聖典、またはその本文であるサンヒター（saMhitaa）のことをいう。

13 Yoga　古代インドに発祥した伝統的な宗教的行法で、心身を鍛錬によって制御し、精神を統一して古代インドの人生究極の目標である輪廻転生からの「解脱（モクシャ）」に至ろうとするものである。パタンジャリによる『ヨーガ・スートラ』では「ヨーガとは心の作用のニローダである」（第1章2節）と定義している（ニローダは静止、制御の意）。

14 Brahmin　インドのカースト制度の頂点に位置するバラモン教やヒンドゥー教の司祭階級の総称。ブラーフマナ（braahmaNa）とも言う。

15 Sri Ramakrishna Paramhansa（１８３６年—１８８６年）　思想は強力な神秘主義と宗教多元論およびシャンカラのアドヴァイタ・ヴェーダーンタ（不二一元論）哲学を根本としている。現象世界はマーヤー（幻影）でありブラフマン（神）だけが実在とし、解脱の手段は識別知であるという。

16 Tao　道教《どうきょう》は、漢民族の土着的・伝統的な宗教である。中心概念の道（タオ）とは宇宙と人生の根源的な不滅の真理を指す。道の字は辶（しんにょう）が終わりを、首が始まりを示し、道の字自体が太極にもある二元論的要素を表している。この道（タオ）と一体となる修行のために錬丹術を用いて、不老不死の霊薬、丹を錬り、仙人となることを究極の理想とする。

17 Maya　幻力。迷妄。

18 Ahamkara　我執。

19 Buddhi　理智。

20 Manas　意思。

21 Chitta　心素。

22 Śaṅkara（700年頃—750年頃）不二一元論（アドヴァイタ）を提唱したアドヴァイタ・ヴェーダーンタの教義を強化した最初の哲学者。

23 Bhagavadgītā　700篇の韻文詩からなるヒンドゥー教の聖典のひとつ。ヒンドゥーの叙事詩マハーバーラタにその一部として収められている。ギーターとはサンスクリットで詩を意味し、バガヴァン（Bhagavan）、すなわち「神の詩」と訳すことができる。

24 バガヴァッド・ギーター第2章20、21

25 バガヴァッド・ギーター第2章22

26 バガヴァッド・ギーター第2章23

27 バガヴァッド・ギーター第2章24

28　René Descartes（1596年―1650年）　フランス生まれの哲学者、数学者。合理主義哲学の祖であり、近世哲学の祖として知られる。

29　Antahkarana　内的心理器官。

30　Gayatri Mantra　ガヤトリーとは、ヴェーダの韻律のひとつで、8音節1行を3つ重ねた詩形のこと。その後、ガヤトリーは神格化されて、創造神ブラフマーの妻で4つのヴェーダの母といわれるようになった。数あるガヤトリー・マントラの中でも、太陽神サヴィトリーに捧げられるガヤトリー・マントラがもっとも神聖なマントラとされている。

Om　オーム

Bhur Bhuvah Suvaha　ブール　ブヴァッ　スヴァハ

大地よ、空よ、天界よ！

Tat Savitur Vareniyam　タット　サヴィトル　ヴァレェニャン

万物の究極なる源、遍在なる神は、献身を受けるに値する御方なり、

Bhargo Devasya Dheemahi　バルゴォ　デェヴァスヤ　ディーマヒ

貴方は無知を払う意識の光、我らの知性を輝かす者！

Dhiyo Yo Nah Prachodayath　ディヨォ　ヨォ　ナッ　プラチョォダヤーッ

我らは、真理を悟るべく、貴方へ瞑想いたします。

31 新約聖書ローマ人への手紙12章2（パウロの書簡）
32 新約聖書ルカの福音書9章24
33 新約聖書ルカの福音書9章25
34 Dharma　法、正義、現象。「たもつ」「支持する」などの意味をもつ動詞（dhr）からつくられた名詞で、それらの働いてゆくすがたを意味して「秩序」「掟」「法則」「慣習」など様々な事柄を示す。
35 新約聖書ヨハネの福音書14章6
36 Ṣūfī　おもにイスラムの唯一神アッラーとの我執を滅却しての合一（ファナー fanāʾ）を目指し、清貧行を主として様々な修行に励む人々を指す。
37 Samskaras　過去の行為の潜在的な印象。
38 Vasana　人の思考や行動の微かな残存印象
39 Vairagya　無執着。
40 Abhyasa　実践。
41 新約聖書マタイの福音書6章26—33
42 Sadhana　霊的な実践。
43 Hathayoga　ヨーガの一様式ないし一流派である。別名ハタ・ヴィディヤーすなわち「ハタの科学」。16世紀の行者スヴァートマーラーマ（Yogi Swatmarama）のヨーガ論書『ハタ・ヨーガ・プラディーピカー』において体系的に説かれた。スヴァートマーラーマは、ハタ・ヨーガとはより高いレベルの瞑想、つまりラージャ・ヨーガに至るための準備段階であり、身体を鍛錬し浄化する段階であると説明する。アーサナ（坐法）と、プラーナーヤーマ（調気法）を中心としている。

44　Pranayama　調気法、呼吸法、ラージャ・ヨーガの第4段階。

45　Ahimsa　無危害、非暴力、不殺生。

46　Samkalpa　堅い決意。何かを決めること。

47　Guru　生徒に神聖への道を表す霊的な教師に使われる一般的な単語。GURUDEVAはこのような教師に対する適切な名称。

48　Gurukula　グルが住み世俗の、また霊的な智慧を生徒に授ける場所。言葉上、それは〝グルの家族〟を意味する。

49　新約聖書ヨハネの福音書14章24

50　新約聖書ルカの福音書15章29—30

51　Shaktipata　悟ったマスターによる接触、あるいは凝視を通して神聖なる恩寵に起因する自然に起こる霊的な変容。

52　Shakti　内在する宇宙の根源エネルギー。

53　中有、中陰とも言う。仏教で人が死んでから次の生を受けるまでの49日間を指す。チベット仏教では、Bardoと言う。

54 Pitviloka　祖先が住む世界（loka＝星界）。

55 Svargaloka　神々が住む天国。

56 3～4千年前に書かれたタイティリーヤ・ウパニシャドで説かれている人間構造説〝人間五臓説〟のこと。

57 Pythagoras（紀元前582年―紀元前496年）は、ピタゴラスの定理などで知られる、古代ギリシアの数学者、哲学者。彼の数学や輪廻転生についての思想はプラトンにも大きな影響を与えた。

58 Sôkratês（紀元前469年頃―紀元前399年）　古代ギリシアの哲学者。哲学者プラトンの師匠。

59 Plato（紀元前427年―紀元前347年）　古代ギリシアの哲学者。ソクラテスの弟子にして、アリストテレスの師に当たる。プラトンの思想は西洋哲学の主要な源流であり、プラトンの思想を語る上では、「イデア」と並んで、「魂」（プシュケー）が欠かせない要素・観点となっている。

60 Brahmanloka　ブラフマンが住まう最高の星界。

61 Jiva Mukta　肉体を持ちながらブラフマンの叡智に目覚めている人。

62 Sir Arthur Stanley Eddington（1882年―1944年）は、イギリスの天文学者。

63 Akasha　空。虚空。宇宙空間。

64 Apana Vayu　アパーナ気（腰から下）

Samana Prana　サマーナ気（腰〜心臓、消化器系）
Prana Vayu　プラーナ気（心臓〜喉、心臓・肺）
Udana Vata　ウダーナ気（喉〜頭頂、脳の神経回路）
Vyana　ヴィヤーナ気（体全体、触覚）。

65 Jiva　個の魂。マーヤ（幻力）あるいは、プラクルティ（根本原理）に関連しているため、魂は束縛されているがために、自由を求める。

66 Samadhi　三昧、超越意識の状態。ラージャ・ヨーガにおける第8段階。

67 Brahmarandhra　頭頂部にある霊穴。

68 Turiya　目覚めている状態、夢を見ている状態、深い眠りにある状態を超えた状態。この状態は、〝自己〟の本質的な性質であり、その状態で、〝自己〟は純粋な存在であり、意識であり、至福の中で確立される。

69 Savikalpa Samadhi　有分別三昧。粗雑次元の事物を対象とする三昧。

70 Nirvikalpa Samadhi　無分別三昧。

71 Nadi　エネルギーの流れる回路。プラーナの通る管。

72 Sushumna　背骨に沿って走るNadi。

73 Kundalini　通常は潜んでいて、背骨の付け根で眠っている。個人に宿る宇宙の神聖なる根源エネルギー。

74　Ajina Chakra　下から6番目のチャクラ。眉間に位置する意識の中央センター。文字通り、司令塔。このセンターで、より高次のチャクラから霊的な導きの命令が受け取られる。精神の座。

75　Chakra　回転、あるいは車輪という意味。ヨーガの伝統では、意識のセンターに当てはめる。人間の内部に7つ、あるいはそれ以上あるとされ、背骨の付け根から頭頂まで分布している。7つのチャクラのうち1番下のチャクラは、ムーラダーラ・チャクラ（Muladhara Chakra）で、背骨の根底部、尾てい骨の下に位置する。下から2番目のチャクラは、スワディスターナ・チャクラ（Svadhishthana Chakra）で、生殖器に位置する。下から3番目のチャクラはマニプラ・チャクラ（Manipura Chakra）で、太陽神経叢に位置する。下から4番目のチャクラはアナハナ・チャクラ（Anahata Chakra）で、心臓に位置する。下から5番目のチャクラは、ヴィシュッダ・チャクラ（Visuda Chakra）で、喉に位置する。

76　Sahasrara Chakra　千の花弁を持つ蓮《はす》の花であるクラウン・チャクラ。ヨーガの伝統では、7つの主要な意識のセンターがあるが、その中で、サハスラーラは、最も高次なチャクラ。その頭頂の位置は王のセンターと呼ばれる。

77　神経と神経叢の集合体を構成し、交感神経幹と脳脊髄神経から分岐した神経に属する内臓に分枝を伸ばしている大きな結節した神経叢（側副神経叢）。胸部、腹部、骨盤部の脊柱の前に位置しているものを、それぞれ心臓神経叢、太陽神経叢、下腹神経叢と名付けている。

78　Kumbh Mela　ヒンドゥー教の祭典。12年に1度インドの4か所で開かれ、巡礼者はガンジス川やジャムナ川で水浴する。

79 Ramana Maharshi（1879年―1950年） 南インドの聖者。解放に到達するための真直ぐな道として真我の探求を推奨した。

80 Arjuna ヒンドゥー教の聖典の1つである叙事詩『マハーバーラタ』に登場する英雄。バガヴァッド・ギーターはパーンダヴァ軍の王子アルジュナと、彼の導き手であり御者を務めているクリシュナとの間に織り成される二人の対話という形をとっている。

81 Krishna インド神話に登場する英雄で、ヒンドゥー教におけるヴィシュヌ神の第8の化身（アヴァターラ）。

82 旧約聖書申命記30章1

著者略歴

スワミ・ラーマ（Swami Rama）
（1925-1996）

ヒマラヤから生まれた偉大なる聖者の一人。インドに生まれ、インドとヨーロッパで教育を受け、ヒマラヤ山岳地帯にある洞窟やチベットで霊的な訓練を受ける。

1969年　渡米する。その後、約30冊の本（共著を含む）を著作し、詩人、画家、建築家、音楽家として、また、哲学や科学分野での専門家として知られる。

1971年　米国のペンシルバニア州に『ヒマラヤン・インターナショナル・インスティチュート・オブ・ヨガ・サイエンス・アンド・フィロソフィー』（Himalayan International Institute of Yoga Science and Philosophy）を創設する。

1989年　インドに戻り、デラドンに『ヒマラヤン・インスティチュート・ホスピタル・トラスト（HIHT）』（Himalayan Institute Hospital TrustとMedial College）を創設する。

1996年　肉体を去る。

監修　池田直美

プラナーナ主宰　日本各地でサットサンガを開催。
（http://pranahna.com/）

訳　羽沼真理世

プラナーナ事務局代表

SACRED JOURNEY
by Swami Rama

聖なる旅

目的をもって生き 恩寵《おんちょう》を受けて逝く

2017年3月30日　第1刷発行

著　者　スワミ・ラーマ

訳　羽沼 真理世
監　修　池田 直美

発行者　太田宏司郎
発行所　株式会社パレード
大阪本社　〒530-0043　大阪府大阪市北区天満2-7-12
TEL 06-6351-0740　FAX 06-6356-8129
東京支社　〒150-0021　東京都渋谷区恵比寿西1-19-6-6F
TEL 03-5456-9677　FAX 03-5456-9678
http://books.parade.co.jp
発売所　株式会社星雲社
〒112-0005　東京都文京区水道1-3-30
TEL 03-3868-3275　FAX 03-3868-6588
印刷所　創栄図書印刷株式会社

ISBN 978-4-434-23041-7 C0014